廊坊师范学院 2013 年出版基金资助项目（LSCB201301）

U0726356

东亚区域产业转移研究

Research on the Regional Spread of Industries in East Asia

秦婷婷/著

经济科学出版社

图书在版编目（CIP）数据

东亚区域产业转移研究/秦婷婷著 . —北京：
经济科学出版社，2014.11
ISBN 978 - 7 - 5141 - 5143 - 5

Ⅰ. ①东… Ⅱ. ①秦… Ⅲ. ①区域经济 -
产业转移 - 研究 - 东亚 Ⅳ. ①F131

中国版本图书馆 CIP 数据核字（2014）第 252720 号

责任编辑：杜　鹏
责任校对：王肖楠
版式设计：齐　杰
责任印制：邱　天

东亚区域产业转移研究

秦婷婷/著

经济科学出版社出版、发行　新华书店经销
社址：北京市海淀区阜成路甲 28 号　邮编：100142
总编部电话：010 - 88191217　发行部电话：010 - 88191522
网址：www. esp. com. cn
电子邮件：esp@ esp. com. cn
天猫网店：经济科学出版社旗舰店
网址：http://jjkxcbs. tmall. com
北京万友印刷有限公司印装
880×1230　32 开　7 印张　200000 字
2014 年 11 月第 1 版　2014 年 11 月第 1 次印刷
ISBN 978 - 7 - 5141 - 5143 - 5　定价：32.00 元

前　言

东亚是国际区域产业转移的典型代表，东亚的崛起和发展离不开以区域内产业梯次传递为本质的"雁行发展模式"。20 世纪 90 年代以来，东亚各经济体的发展呈现出不同的态势，作为"东亚雁阵头雁"的日本经历了"失去的十年"，而作为"打乱雁阵的熊猫"① 的中国却保持了较高的增长速度。1997 年亚洲金融危机，更引发人们对带来"东亚奇迹"的"雁行模式"进行反思。加之，经济全球化的推进，跨国公司的大发展，国际生产分工也发生了显著的变化。对新现象的思考，推动了理论的进步。产业组织理论的发展，催生了新贸易理论、新增长理论、新经济地理理论，加之空间的概念被逐渐引入主流经济学的研究框架，这也为研究国际区域产业转移问题提供了新的视角和工具。现实的变化和理论的进展，使我们有必要、也有条件深入探讨东亚区域产业转移——这一对东亚区域乃至整个世界经济都至关重要的问题。

第二次世界大战后，随着日本"废旧建新产业重构"政策的推行，日本的"夕阳产业"顺次向外转移，在东亚区域掀起了三次产业转移浪潮。伴随着东亚区域产业转移，东亚各经济体纷纷走上了工业化道路，创造了一个又一个的增长奇迹，整个区域呈现出"雁行"发展态势。而 20 世纪 80 年代中后期以来，东亚区域产业转移的形式发生了变化，按价值链拆分的生产环节和工序的转移兴起，

---

① A panda breaks the formation [J]. The Economist, August 25, 2001：65.

区域生产网络逐渐形成。

由于东亚区域产业转移贯穿于整个区域的发展变化中，因而对该问题的既有研究主要集中在对东亚区域产业结构、发展模式、区域分工等方面。笔者在书中做了较为大胆的尝试，回到思维的起点，试图从更为一般的角度，来重新审视东亚区域产业转移问题。笔者通过回顾国际产业转移的既有研究，并结合新理论提供的新视角和新工具，探寻国际产业转移问题的本质，抽象出研究国际产业转移问题的一般思路，并对相关实证指标加以总结，而后用上述新的思路对东亚区域产业转移演进的动因进行了分析，这是本书主要创新所在。

本书主要内容如下：

第1章绪论部分主要是提出问题、综述文献，介绍本书研究对象、体系框架和研究方法以及主要创新与不足。东亚区域新形势的发展、新势力的出现，加之新理论的突破，使笔者意识到东亚区域产业转移面临着新挑战。现实的变化、研究的现状以及理论的进展，使笔者明确了"理论—个案实证—理论"和"历史考察—现状分析—未来展望"两条交错的逻辑主线，研究由此展开。

第2章回顾东亚区域产业转移的形成及演进。首先，对"二战"后东亚区域产业转移情况进行历史回顾："二战"后，伴随着日本"废旧建新产业重构"与资本扩张，东亚区域掀起了三次产业转移的浪潮，形成了"雁行"发展态势并创造了举世瞩目的"东亚奇迹"。其次，由于东亚区域产业转移的形成及演进与"雁行模式"关系密切，因而从起源、发展、传播三个方面对"雁行模式"理论加以梳理，进而探讨了"雁行模式"的实质及其与"东亚模式"的关系。最后，总结了东亚区域产业转移的主要特点，介绍了东亚区域产业转移的新发展及其与东亚区域生产网络的关系。

第3章、第4章笔者暂时抛开东亚，回到起点思考更为一般的国际产业转移问题。

第3章首先回顾了作为20世纪下半叶最典型的国际经济现象

之一的国际产业转移的四次浪潮，并指出在国际产业转移的大潮中，东亚区域产业转移最为典型。其次，对国内学者关于国际产业转移的研究进行回顾，指出既有研究的主要问题。再次，归纳了可与国际产业转移对应的英文说法，探寻与国内产业转移、国际产业转移提法对应的领域，进而明晰国外研究中国际产业转移的概念，通过与相似概念进行比较，洞悉国际产业转移的本质；并依据不同的分类标准对产业转移及国际产业转移进行分类。

第4章构建国际产业转移的研究框架。新古典经济学的盲点致使国际产业转移的研究并没有受到应有的关注，而新增长理论、新贸易理论、新经济地理理论的新见解为国际产业转移研究提供了新的视角。本章提出分析该问题的思路，明确了相关的理论模型以及实证研究的各项指标，这也是本书的主要创新所在。

第5章探讨东亚区域产业转移演进的动因。首先运用第4章提出的研究思路，从产品、企业、产业、国家、区域/国际五个层面对东亚区域产业转移演进原因进行了理论分析。而后从贸易、投资、空间角度，发掘东亚区域产业转移演进的经验证据。

第6章分析东亚区域产业转移的主要影响。分析从全球影响和本地区影响两个方面展开，主要涉及：东亚区域产业转移对全球经济增长的影响，东亚区域产业转移与全球经济失衡的关系；东亚区域产业转移与东亚经济的起飞，东亚区域产业转移与东亚区域一体化；等等。东亚区域产业转移直接影响到区域分工格局的形成及变化，影响到产业结构的调整和升级，影响到区域经济乃至全球经济的增长和发展。分析东亚区域产业转移的影响，预见可能遇到的问题并提出对策，具有重大的现实意义。

第7章分析东亚区域产业转移与中国。中国作为东亚的新势力在区域产业转移中的地位和作用不容小觑。中国从"打乱雁阵的熊猫"到东亚"新三角贸易"的枢纽，其"世界工厂"地位的形成及随之而来的贸易摩擦等，我们都可以从产业转移的角度给予解释。在时代背景变化的情况下，中国也从单纯的产业转移承接者转换为部分的发起者，这对中国而言机遇与挑战并存。

本书的研究止于新贸易理论（New Trade Theory，NNT）和新经济地理学（New Economic Geography，NEG）的框架。近年来，以马克·梅利茨（Marc J. Melitz）为代表的以异质性企业为研究对象新新贸易理论（New New Trade Theory，NNTT）兴起，该理论将国际贸易的研究范围从产业层面拓展到企业层面，从企业差别的角度解释国际贸易和国际投资产生的原因。新新贸易理论中提出的由企业异质性所带来的选择效应和分类效应，为新经济地理学的发展提供了新视角和新思路，新新经济地理学（New New Economic Geography，NNEG）由此产生。新新经济地理学以规模经济和垄断竞争为假设条件，但更重视企业或居民的个体异质性所导致的一般性空间行为。以企业异质性与集聚经济关系为切入点，从企业成本、效率差异角度，分析异质性企业的区位选择机制以及集聚经济的微观机理。2011 年，Ottaviano 提出了两企业两区位的新新经济地理模型，其开拓性研究在空间经济学和经济地理学等相关领域反响较大。①

新新贸易理论和新新经济地理学的发展，对东亚区域产业转移、抑或更为一般的国际产业转移问题的研究意义重大。从异质性企业的角度进一步深入地研究东亚区域产业转移问题将会有更多新的发现，这方面的研究可谓方兴未艾。

秦婷婷

2014 年 10 月

---

① 李福柱．"新"新经济地理学研究进展 [J]．经济学动态，2011（6）：98 - 102．

目　　录

第1章 绪 论

"东亚目前的情形是一种新的现象，是一种复兴。""老的亚洲
靠的是著名的大雁迁移的比喻，目睹成熟产业向低工资国家转移。
新的亚洲更加自食其力，富于创新和互相联网，其特点是一种竞争
激烈的经营环境，鼓励创新，劳动力有能力吸收新创意。"

——世界银行：《东亚的复兴：增长的创意》

1.1 问题的提出

1.1.1 研究背景

产业是当代经济分析中的一个基本范畴，国际产业转移对于世
界经济来讲同样也是一个不可或缺的研究领域。20 世纪下半叶最典
型的国际经济现象之一，就是一些劳动密集型产业（如纺织工业、
成衣工业、轻型机械工业等传统产业部门）由发达国家转移到一些
发展中国家或地区。随着最先移入这些产业的发展中国家的工业化
进程，这些产业也会经它们消化、吸收和发展成熟之后，再转移到
其他国家或地区。由此可能形成一个永不衰竭的国际产业转移浪
潮。[①] 东亚是国际区域产业转移最为明显的地区之一，著名的"雁
行模式"（Flying Geese Model，FGM）形象地描述了东亚区域产业
转移这一现象。在日本这个发达国家的带动下，一批东亚经济体相

---

① 卢根鑫.国际产业转移论［M］.上海：上海人民出版社，1997：2.

继实现了经济起飞，开始了工业化进程，并逐渐实现了产业升级和结构优化。从而，整个东亚区域经济保持了高速增长和良好的发展势头。

1. 新形势

东亚依托"雁行模式"的迅速崛起，不能不说是一个奇迹。然而，20世纪90年代以来，东亚各经济体的发展呈现出不同的态势，作为"头雁"的日本经历了"失去的十年"，而作为"打乱雁阵的熊猫"的中国却保持了较高的增长速度。1997年亚洲金融危机，更是引发了人们对"东亚奇迹"的反思。虽然如此，东亚作为一个区域其整体的发展并未因此终止。随着东亚区域经济一体化的推进、区域内分工的发展，各经济体之间依然保持着紧密的内部经济联系；同时，东亚又是一个开放的区域，东亚在推进本地区一体化的同时，也正以积极的姿态融入到经济全球化的大潮中去。

2. 新势力

中国是当今世界最大的发展中国家，在东亚经济中举足轻重，拥有东亚发展中国家1/2的国内生产总值（GDP）和1/3的出口。特别是2001年11月加入世贸组织（WTO）以后，中国作为一个快速增长的市场为亚洲出口提供了重要的机会。当然，中国作为竞争者同时也被视为一种威胁。该区域各经济主体的政策制定者正重新思考本国政策以应对中国的崛起。

基于中国的绝对经济规模、内陆经济的不同寻常的开放，以及它的区域导向等因素，中国在东亚经济发展中占有举足轻重的地位。2004年，中国取代日本成为东亚最大的贸易国。当时对东亚经济体来讲，中国已经成为最大的贸易伙伴——日本第二大出口市场和最大的供应者、韩国最大的出口市场和第二大供应者。中国的进口在过去10年中以每年18%的速度增长，进口占GDP的比率已经达到34%，是日本（9%）或美国（12%）这两大经济体的3倍。中国吸收了东亚一半以上的进口。正是因为中国，东亚一半以上的贸易都在该区域内发生，贸易一体化程度目前与欧盟类似。

正如世界银行报告（The World Bank，2006）所言：中国正拉动着（东亚）的区域化和地区主义。①

3. 新理论

1977 年，迪克西特（Avinash Dixit）和斯蒂格利茨（Joseph Stiglitz）在《美国经济评论》上发表了一篇著名文章，建立了一个非常精巧和独特的 Dixit – Stiglitz 垄断竞争模型。这个模型为很多经济领域的研究提供了崭新的工具，扫除了经济理论前进道路上的技术障碍，由此掀起了经济学研究中的收益递增和不完全竞争的革命。这场革命有四波：第一波是产业组织理论；第二波是新贸易理论；第三波是新增长理论；第四波是空间经济理论。②

这些理论有力地解释了许多传统理论无法说明的新现象：为什么结构相似的发达国家同一行业之间会发生大量的贸易？是什么使富裕国家比穷国和中等收入国家继续增长更快？资源如何配置？经济活动的空间如何选择？

20 世纪 90 年代以来，新贸易理论、新增长理论、新经济地理理论的发展为我们提供了与以前迥然不同的世界观，为政策制定者们提供了新的见解。其中，新经济地理学将空间成功地纳入经济学主流，这也为我们深入研究国际产业转移问题提供了新的思路和工具。

4. 新挑战

亚洲金融危机已经过去十多年，目前的东亚正面临复兴的新机遇。曾经带来东亚区域经济巨大发展的"大雁迁移"式的区域产业转移，是一种产业间关系的调整，形成了东亚内部的垂直分工关系。随着东亚内部各经济体的发展和区域经济一体化的深化，东亚区域的内部分工也在发生变化：产业内贸易的数量在逐渐增加，零

---

① The World Bank. An Rast Asian Renaissance：Ideas for Economic Growth [C]. 2006：4 – 5.

② 藤田昌久，保罗·克鲁格曼，安东尼·丁·维纳布尔斯. 空间经济学——城市、区域与国际贸易 [M]. 北京：中国人民大学出版社，2005：代译者序第6页。

部件贸易增加，区域分工网络逐渐形成。20 世纪 90 年代以来，东亚区域内的经济合作正不断发展，自由贸易协议（FTAs）、经济合作伙伴协议（EPAs）及双边货币互换协议（BSAs）的谈判和签订不断增多，东亚区域内各经济体之间的产业内贸易数量不断增多，比重不断增大。来自新经济地理学的推断表明，区域一体化使国家的界限弱化，区域一体化条件下国际区域之间的产业可能像国内区域一样进行划分。这样，产业结构的相似促成了区域一体化，而区域一体化又可能导致各经济体产业差异化，"区域一体化的悖论"对东亚区域产业转移提出了新的挑战。

新形势的出现、新势力的发展带来了东亚区域产业转移形式上的变化，新理论为我们反思东亚区域产业转移的过去、认识东亚区域产业转移的现在、展望东亚区域产业转移的未来，提供了新的视角和研究工具。

1.1.2 研究意义

正如哲学家怀特黑德（A. N. Whitehead）所说：对直接经验的解释是任何思想得以成立的唯一依据，而思想的起点是对这种经验的分析观察。

本书试图探寻国际产业转移问题的本质、构建其分析框架，并以东亚为具体个案对国际区域产业转移问题进行系统研究。

——理论意义：

国际产业转移的研究尚未形成专门的理论体系，研究东亚这一国际区域产业转移的典型案例对于构建国际产业转移理论框架具有重要的意义。通过对东亚区域产业转移的实证研究，可以发掘产业在国际区域间转移的动因、分析其效应、总结其规律、预测其趋势、归纳其模式，有助于以国际区域为视角充实现有的国际产业转移理论。

——现实意义：

（1）产业是介于微观和宏观之间的中观层面，对其研究可以加深对微观层面和宏观层面的认识，对于理解东亚区域生产分工、贸易投资等重要问题都有帮助。

（2）产业转移是动态过程，对这一过程的研究有助于全方位了解整个东亚区域产业的演进、生产网络的建立和贸易模式的转变。

（3）研究东亚区域产业转移可以帮助我们更深入地理解和解决一些现实问题，如中美贸易顺差、东亚区域一体化、中国应如何抓住区域产业转移的机遇提高产业国际竞争力等。

1.2 东亚区域产业转移文献回顾

20 世纪 90 年代以来，东亚经历了从"Flying Geese"到"Sitting Ducks"（Ahearne et al.，2006）的显著变化。关于东亚区域产业转移的文献主要集中于"雁行模式"这一特定理论及对其扩展的文献中。随着新经济地理理论的发展，学者们建立了产业在国家间扩散的一般模型。本书按照从特定理论到一般模型的思路，对东亚区域产业转移文献作 简要回顾。

1.2.1 东亚区域产业转移与特定理论

说到东亚区域产业转移，人们首先联想到的便是"雁行模式"，因为它形象地描述了第二次世界大战以后东亚区域产业转移的过程。

"雁行模式"理论最早于 1932 年由日本经济学家赤松要（Akamatsu Kaname）在《我国经济发展的综合原理》（*The Synthetic Principles of the Economic Development of Our Country*）一文中提出。后经其本人及日本学者小岛清（Kiyoshi Kojima）、小泽辉智（Terutomo Ozawa）、山泽逸平（Ippei Yamazawa）、渡边利夫（Watanabe Toshio）等人的不断扩充，使其从最初描述特定国家（日本）国内特定产业（棉纺织业）"进口→进口替代→出口"的倒"V"形"雁行形态"理论，发展到特定国家（日本）国内各产业替代升级的理论，再到国际特定区域（东亚）内各经济体（日本→NIEs→

ASEAN4→中国)① 间各产业（纺织业→钢铁业→汽车、电子工业）的梯次传递及高度化的理论。经过几十年的发展，"雁行模式"理论的应用范围不断扩大，内涵日益丰富，并实现了由"国内版"到"国际版"的升级。

20世纪90年代以来，东亚发生了一系列重大变化。首先，位于"雁阵"不同层次的经济体的经济发展态势不同。作为"头雁"的日本在90年代初"泡沫经济"破灭后，进入了被称为"失去的十年"的不景气时期，而同时作为"尾雁"的中国则保持了良好的经济发展势头。其次，1997年亚洲金融危机爆发，雁阵的前三个层次严重受创，西方学者甚至宣告了"东亚奇迹"的终结。面对世界经济一体化、区域化的浪潮以及亚洲金融危机的教训，东亚各经济体加强区域内合作的愿望日益强烈。

鉴于20世纪90年代以来国际形势以及东亚各经济体的发展变化，对东亚"雁行模式"的争论纷至沓来，归结起来，主要有以下三类。

（1）"雁行模式"变化论。

中国学者魏燕慎（2002）认为：20世纪80年代中期以来，东亚的区域分工并未完全依照以日本为"领头雁"的"雁行模式"发展。"雁行模式"开始逐渐走向式微，多元化分工格局出现。胡俊文（2003）基于"尽管日本经济作为'雁首'的牵动作用日趋减弱，但仍然是东亚区域最有实力的经济体，中国经济在规模和质量上短期内还远远不如日本"的现状，得出"今后的东亚经济很可能进入'双雁领飞'的'后雁行模式'时代"的论断。

（2）"雁行模式"终结论。

此种观点最早由日本提出。2001年5月，日本经济产业省发表的该年度《通商白皮书》第一次明确指出：以日本为"领头雁"

---

① 这里的 NIEs 指的是亚洲"四小龙"。在1988年召开的七国首脑会议上，与会首脑提出了用"NIEs"取代"NICs"，并以此特指亚洲"四小龙"。ASEAN4 指的是东盟的泰国、印度尼西亚、马来西亚、菲律宾四国。下文中均采用上述提法。

的东亚经济"雁行形态发展"时代业已结束，代之而起的是"以东亚为舞台的大竞争时代"。① 中国学者金熙德（2002）认为：21世纪初，中日发展势头的逆转导致了东亚"雁行模式"的终结，"合作模式"呼之欲出；并提出，在东亚新旧发展模式交替过渡时期，中日应加强对话，扩大共识，力争成为东亚经济发展的"双火车头"，共同推动东亚区域合作。

（3）"雁行模式"未变论。

关志雄（2002）提出，虽然很多人认为，根据亚洲各国的发展阶段来判断分析区域内分工体制的动态变化，即所谓的"雁行经济发展模式"似乎已经解体。但是，"……可以说中国产业向高度化的发展还是未超出雁行经济发展的框架"。

1.2.2 东亚区域产业转移与一般模型

20世纪90年代以来，随着新经济地理学的发展，空间因素被逐步引入主流经济学。新经济地理学家们在对生产空间集聚问题的研究中，用"产业扩散"（the spread of industry）一词来描述产业由一国转移到另一国的现象，并建立了相关的模型。

Paul Krugman 和 Anthony Venables（1995）用"模拟动态"的方法分析了以两个国家为研究对象的模型——假设劳动力不在两国之间流动，但中间投入起作用。模拟动态过程大致如下：起初制造业生产均匀地分布在这两个国家。随着运输成本开始下降，世界自然划分为中心—外围模式。假设制造业部门在经济中的比重足够大，两国实际工资就会出现差距（人均收入水平差距）。随着运输成本继续降低，中心—外围模式最终会消失。

Diego Puga 和 Anthony Venables（1996）发展了 Krugman 和 Venables 共同提出的模型，假设研究对象为三个国家（地区），并分析了工业化从一国（地区）扩展到另一国（地区）的途径。他

① 日本经济产业省. 通商白皮书（2001年版）. 第一章"以亚洲为舞台的大竞争时代"。

们描述了东亚国际产业转移的现象：在过去的 30 年中，产业活动从日本扩散到它的几个东亚邻居。1965 ~ 1993 年，韩国和中国台湾的制造业比其他部门发展得都要快。1993 年，这两个经济体的制造业雇用工人比例超过日本。产业从一国（地区）到另一个国家（地区）的转移通常被视为一国内变化的结果，或是政策改革使基于比较利益的专业化成为可能，或是旨在解决投资协调失败的政府干预，或是由较低初始水平开始的简单的要素快速聚集。

　　他们建立了另一种解释产业在国家间扩散的方法。他们假设所有国家的基本结构都是相似的，甚至完全相同。然而，国家间产业分布并不一致，而且工业化会一浪一浪地从一国向另一国传播。他们的方法基于集聚力量之间的拉力，这些力量试图将产业留在几个区位上，并且保持促进产业扩散的工资差异。最初所有的产业部门都集中在一个国家，通过企业间的投入—产出关联联系在一起。相对其他部门，增长扩展了工业部门，提高了工业集群国家的工资。在某些点上企业开始向低工资地区转移，当转移达到一定规模时，工业在另一个国家开始扩张，并提高那里的工资。他们最后证实了一些产业外溢的细节，哪些部门先转移出去，哪些部门在促使达到临界值时更为重要。

　　Masahisa Fujita、Paul Krugman 和 Anthony J. Venables（1999）提出了更为一般性的多国多产业的产业扩散模型。

1.3　本书的研究对象、体系框架和研究方法

1.3.1　研究对象及其特点的进一步说明

1. 东亚

　　东亚概念是在 19 世纪末 20 世纪初出现的一个地区性概念，它是随着东亚进入现代世界体系，即东亚国家以其特殊的方式走上国

际舞台后而产生的一个比较性概念。经过一个多世纪的演变发展，东亚的内涵和外延都发生了巨大的变化。20 世纪末 21 世纪初，东亚又重新活跃于国际舞台，并再一次引起世界的注意，也许这正是东亚崛起的真正含义。今天，"东亚"一词也成了因人们经常使用而越来越活跃的一个专有名词。[1]

东亚作为地理概念毫无疑问指的是亚洲的东部，但具体包括哪些国家和地区则是众说纷纭。不同国家、不同研究领域的学者，都从自己的研究目的出发，给东亚赋予不同的内涵。文化的东亚、政治的东亚、经济的东亚、国际关系与安全的东亚，都有着各自不同的范围。中国较早对东亚进行研究的学者罗荣渠曾作过如下表述："东亚，又称'太平洋亚洲'（Pacific Asia），从地理上讲，指的是欧亚大陆东部的大陆、半岛与海岛。狭义的东亚指中国大陆、日本列岛、朝鲜半岛、台湾岛等；广义的东亚包括东南亚即中南半岛与马来群岛诸国；再扩而大之，甚至可把南亚即印度半岛诸国也包括在内。就东亚的重新崛起而言，主要集中在中国大陆、日本、朝鲜、韩国、中国台湾和中国香港和东盟五国这个范围内，这大体上是汉字文化圈影响所及的地区。"[2]

目前，东亚是世界上"最具动态性的区域"。自 20 世纪 90 年代初以来，世界银行对东亚的增长以 4 年一次的适宜频率进行研究，并出版了一系列的研究报告：《东亚奇迹——经济增长与公共政策》（1993）、《东亚教训》（1997）、《东亚奇迹的反思》（2001）以及《东亚的复兴：增长的创意》（2006），等等。

从这些研究报告中，我们可以看出对东亚作为一个区域对象认识的变化。世界银行在 1993 年出版的政策研究报告《东亚奇迹——经济增长与公共政策》中，对东亚的范围作了如下的界定：包括所有的东亚、东南亚和太平洋地区，中国和泰国以东的中低收

---

① 杨贵言，东亚概念辨析 [J]. 当代亚太，2002（2）：21.
② 罗荣渠. 现代化新论续篇——东亚与中国的现代化进程 [M]. 北京：北京大学出版社，1997：280.

入国家，中国和泰国也包括在内。① 实际上这份报告研究的主要是8个东亚国家和地区，即日本、中国香港（当时为英属）、韩国、新加坡、中国台湾、印度尼西亚、马来西亚和泰国，并不包括中国大陆。而在十多年以后的《东亚的复兴：增长的创意》这份研究报告中，所研究的东亚的范围明显扩大，中国更是被作为一个重要的对象加以研究。

本书所研究的东亚，主要是指日本、NIEs（韩国、新加坡、中国香港、中国台湾）、"ASEAN4"（泰国、马来西亚、印度尼西亚、菲律宾）以及中国这10个国家和地区。之所以以这10个国家和地区为研究对象，是因为东亚区域产业转移在这10个国家和地区中是最显著的。当然，在论述中也将会按研究需要将它们进一步细分为不同层次，如：新兴的东亚（Emerging East Asia）、发展中的东亚（Developing East Asia）等，论述中也不排除提及其他的东亚国家，还需提及美国这一东亚重要的"场外成员/隐性成员"。

2. 产业

理论上如何对产业进行分类，完全取决于研究的具体目的。迄今为止，学术界大体有六种分类方法：三次产业分类、联合国标准产业分类、霍夫曼工业化标准分类、工业结构分类、资源集约度分类和马克思的两大部类分类法。

先后由阿·费歇尔（A. Fisher）、可林·克拉克（C. Clark）和库兹涅茨（S. Kuznets）提出、论证和深化普及的三次产业相关变动的内在关联机制，反映了一定时期的工业化水平，是目前世界各国普遍使用的分类法。联合国标准产业分类法是对三次产业分类法的扩展和具体化，其无所不包的特点更适用于产业之间和产业内部各部门之间的关联效应，反映产业结构变动的基本轨迹。霍夫曼工业化标准分类法将全部产业分为消费品产业、资本品产业和这两者

---

① The World Bank. The East Asian Miracle：Economic Growth and Public Policy. Published for the World Bank，Oxford University Press，1993：xvi.

以外的其他产业（如印刷、造纸、橡胶等中性产业），有利于衡量一定时点上的工业化水平，划分工业化阶段。工业结构分类法将工业本身分为重工业和轻工业两部分，旨在分析社会资源如何在两者之间作重心转移，以显示工业化的阶段性特征。资源集约度分类法旨在根据不同产业吸纳资源能力的差异，寻求宏观资源配置的有效途径，并参照一定时期社会可支配资源的存量与结构，确定产业调整战略和政策。马克思的两大部类分类法超越了对产业分工结构的一般描述，而把总量和结构、分工与交易、价值实现与社会需求结构、生产与消费、价值构成与使用价值构成等关系集于一体，用于分析产业结构和社会制度结构对物质资料再生产、劳动力再生产和经济关系再生产的影响。①

本书对东亚区域产业转移的研究，可能涉及不同的研究角度，因而不排斥以上的各种分类。但在实证研究中，主要使用《国际贸易标准分类》（Standard International Trade Classification，SITC）、《商品名称及编码协调制度》（Harmonized Commodity Description and Coding System，HS）、《按经济大类分类》（Classification by Broad Economic Categories，BEC）、《全部经济活动的国际标准产业分类》（International Standard Industrial Classification of All Economic Activities，ISIC）分类标准下的相关数据。这些分类之间的相互联系可参见联合国相关出版物的说明。②

3. 东亚区域产业转移

本书所说的东亚区域产业转移，是指作为本书研究对象的 10 个国家和地区之间的产业转移情况，研究的重点是制造业的转移。

1.3.2 研究思路和体系框架

1. 研究思路

本书从现有的描述东亚区域产业转移现象的"雁行模式"出

---

① 石磊. 中国产业结构成因与转换 [M]. 上海：复旦大学出版社，1996：1－2.
② 如联合国经济及社会理事会统计司. 统计丛刊 [M]. 系列第 53 号，订正 4。

发，阐述了"雁行模式"与本书所研究的东亚区域产业转移之间的关系，然后构建国际产业转移的一般理论框架，并使用上述框架以东亚为例加以实证，最后分析东亚区域产业转移可能遇到的问题及对中国的机遇和挑战。本书秉承"历史现象—既有理论——一般理论框架—实证分析—特定问题—特定对象"的逻辑思路。

本书有两条交错的逻辑主线：

（1）经验研究：理论—个案实证—理论；

（2）时间脉络：历史考察—现状分析—未来展望。

2. 体系框架

本书包括绪论及 6 章正文，共 7 个部分，主要内容如下。

第 1 章绪论部分主要是提出问题、综述文献，介绍本书研究对象、体系框架和研究方法以及主要创新与不足。东亚区域新形势的发展、新势力的出现，加之新理论的突破，使笔者意识到东亚区域产业转移面临着新挑战。现实的变化、研究的现状以及理论的进展，使笔者明确了"理论—个案实证—理论"和"历史考察—现状分析—未来展望"两条交错的逻辑主线，研究由此展开。

第 2 章回顾东亚区域产业转移的形成及演进。首先，对"二战"后东亚区域产业转移情况进行历史回顾："二战"后，伴随着日本"废旧建新产业重构"与资本扩张，东亚区域掀起了三次产业转移的浪潮，形成了"雁行"发展态势并创造了举世瞩目的"东亚奇迹"。其次，由于东亚区域产业转移的形成及演进与"雁行模式"关系密切，因而从起源、发展、传播三个方面对"雁行模式"理论加以梳理，进而探讨了"雁行模式"的实质及其与"东亚模式"的关系。最后，总结了东亚区域产业转移的主要特点，介绍了东亚区域产业转移的新发展及其与东亚区域生产网络的关系。

第 3 章、第 4 章笔者暂时抛开东亚，回到起点，思考更为一般的国际产业转移问题。

第 3 章回顾了国际产业转移浪潮这一世界经济发展的重要现象，概括出国际产业转移的基本概念。通过将国际产业转移与相似概念的比较，进一步明晰国际产业转移的研究范畴，并对国际产业转移的国内研究现状进行评述，进而抽象出国际产业转移的本质。依据不同标准对国际产业转移进行分类，从而更为全面地反映国际产业转移的特点。

第4章构建国际产业转移的研究框架。新古典经济学的盲点致使国际产业转移的研究并没有受到应有的关注，而新增长理论、新贸易理论、新经济地理理论的新见解为国际产业转移研究提供了新的视角。本章提出分析该问题的思路，明确了相关的理论模型以及实证研究的各项指标，这也是本书的主要创新所在。

第5章探讨东亚区域产业转移演进的动因。首先运用第4章提出的研究思路，从产品、企业、产业、国家、区域/国际五个层面对东亚区域产业转移演进原因进行了理论分析。而后从贸易、投资、空间三个角度，发掘东亚区域产业转移演进的经验证据。

第6章分析东亚区域产业转移的主要影响。分析从全球影响和本地区影响两个方面展开，主要涉及：东亚区域产业转移对全球经济增长的影响，东亚区域产业转移与全球经济失衡的关系；东亚区域产业转移与东亚经济的起飞，东亚区域产业转移与东亚区域一体化；等等。东亚区域产业转移直接影响到区域分工格局的形成及变化，影响到产业结构的调整和升级，关系到区域经济乃至全球经济的增长和发展。分析东亚区域产业转移的影响，预见可能遇到的问题并提出对策，具有重大的现实意义。

第7章分析东亚区域产业转移与中国。中国作为东亚的新势力在区域产业转移中的地位和作用不容小觑。中国从"打乱雁阵的熊猫"到东亚"新三角贸易"的枢纽，其"世界工厂"地位的形成及随之而来的贸易摩擦等，我们都可以从产业转移的角度给予解释。在时代背景变化的情况下，中国也从单纯的产业转移承接者转换为部分产业转移的发起者，这对中国而言机遇与挑战并存。

1.3.3 研究方法

（1）东亚区域产业转移是一个涉及较长时间段的历时与共时并存的现象，因而在对其形成、发展进行回顾和分析时，必须放在一个更长的历史视角内，这一部分笔者采用了历史和动态的分析方法。

（2）国际区域产业转移是一个涉及多个领域的复杂现象，仅就其理论基础而言，就可能涉及古典区位理论、新古典贸易理论、发展经济学、国际经济学、国际政治经济学，以及新贸易理论、新增长理论、新经济地理理论等相关理论。笔者在这一部分采用了折衷的方法，以期廓清国际区域产业转移理论的范畴。

（3）东亚区域产业转移在空间上反映为生产区位的跨国界变化，可以通过贸易、投资以及生产分工的变化情况来描述这一变化过程。笔者在这一部分采用了实证分析的方法，运用包括投入—产出分析法在内的统计、计量方法，研究东亚区域产业转移的演变。

1.4 主要创新与不足

1.4.1 主要创新

（1）分析框架新。区域产业转移是"二战"后东亚一个引人注目的现象，已有的研究主要集中在对"雁行模式"、东亚区域产业结构、东亚区域分工、东亚区域增长与发展等问题上。由于东亚是国际产业转移的典型代表，因而笔者尝试从更为一般的国际产业转移的研究出发，通过梳理国际产业转移的相关文献，界定国际产业转移概念、探索其本质；然后借助新贸易、新增长、新经济地理等理论提供的新视角和新工具，构建国际产业转移研究的理论及实证框架，然后以东亚为个案加以验证。研究框架的构建是本书最主要的创新。

（2）视角及方法新。在对东亚区域产业转移的理论分析中，采用了笔者抽象的在强调技术创新作用的前提下，从产品、企业、产业、国家、区域/国际五个层面，关注优序和周期两种现象，分析影响产业转移三种力量（推力、拉力、阻力）的分析思路。在实证分析中，笔者一方面采取了世界经济研究中常用的图表分析，借助大量翔实可靠的数据及相关指标计算来进行说明；另一方面也尝试采用日本亚洲经济研究所出版的《亚洲投入—产出表》，从区域投入—产出的角度分析东亚区域产业关联。这在国内对该问题的研究中属于较新的视角和分析方法。

1.4.2 主要不足

（1）研究对象多、考察时间长、涉及产业广，想要透过庞杂的表象得出结论不甚容易；而且空间方面的深入分析需要一些比较高深的数学知识，基于笔者水平所限，未能深入研究。因而本书的研究只是在笔者能力所及的某些角度以博一得，而不是面面俱到。

（2）东亚是国际产业转移最为典型的地区，但北美和欧洲也存在区域产业转移的现象，由于选题及篇幅所限，本书没有将二者进行对比，因而对国际区域产业转移理论框架的实证分析可能不够充分，这将是笔者在后续研究中需要注意的内容。

第2章 东亚区域产业转移的形成及演进

第二次世界大战后，东亚在"美国控制下的和平"（Pax Americana）（冈崎久彦，1993年；转引自金德尔伯格，2003）的庇佑下，经历了由日本资本区域扩张带动整个区域多个经济体的工业化顺次起飞、产业结构顺次升级的"雁行模式"区域产业转移的过程，东亚经济持续高速增长，创造了一种"时间压缩、空间扩散、层次分明"的新型工业化模式，被世界银行誉为"东亚奇迹"。20世纪90年代以来，世界和区域形势发生了巨大的变化，特别是1997年亚洲金融危机，使东亚由"Flying Geese"变为"Sitting Ducks"，奇迹转为危机，祝福变为诅咒。

金融危机的发生推动了东亚区域经济合作的新发展，区域经济一体化程度不断提高。特别是东亚区域产业转移使不同产业在区域内的生产区位发生了变化，催生了东亚区域范围内的产业分工网络，形成了东亚独特的对外贸易结构，当然也潜藏着产业结构同构化、竞争加剧的可能。

深入了解东亚区域产业转移的形成及演进，对于理解战后该区域的发展变化以及未来发展趋势意义重大。为了清晰而深入地了解东亚区域产业转移的情况，本章主要侧重对东亚区域产业转移形成及演进的历史加以回顾，并着重梳理形象描述这种变化的"雁行模式"理论。本章的历史回顾与理论梳理均以日本为主线，强调一定时期内日本对东亚区域产业转移的主导作用。

2.1 东亚区域产业转移历史回顾

"二战"结束后，侵略战争给日本带来了巨大的社会经济灾难：几乎所有的大城市都废墟连片，瓦砾成堆；300 万人因战争丧生，900 万人因空袭流离失所，700 万人从海外返回无处安置；1/4 以上的物质财富化为灰烬，近一半的工业和交通设备受到严重破坏，工农业生产陷于瘫痪状态；老百姓生活贫困至极——缺衣、少食、无处栖身。日本向何处去？重建日本成为战后日本政府迫在眉睫的课题，日本选择了"贸易立国"的外向型强国之路（冒洁生、费兴旺，1998）。从此，日本这个被广泛确认为"一个独特而异常的国家"（派尔，1988 年）迅速"以流星闪过的方式发展起来"（金德尔伯格，2003）。

美国著名经济学家霍利斯·钱纳里曾指出，从历史上看，工业化一直是经济发展的中心内容。① 日本战后的工业大发展，始于日本有意识的"废旧建新产业重构"。随着日本自身产业升级及工业化、现代化推进，日本作为区域产业转移的组织者，带动并影响了东亚其他国家和地区的产业升级及工业化、现代化进程。随着这种以日本为主导的区域产业转移的推进，东亚各层次的经济体纷纷掀起了工业化的浪潮，经济高速增长在东亚各经济体间传递，整个东亚呈现出"雁行"发展模式，创造出举世瞩目的"东亚奇迹"。而随着 1997 年亚洲金融危机的爆发，东亚"新区域主义"下的制度性区域一体化合作迅速加强，加之 20 世纪 90 年代以来经济全球化的大发展，东亚区域内生产分工的形式发生了重大的改变，层次明显的各经济体间的产业传递，逐渐演变为相互交织的区域分工网络，东亚的发展模式正在经历新的变革。

---

① H. 钱纳里，S. 鲁宾逊，M. 赛尔奎因. 工业化和经济增长的比较研究 [M]. 上海：上海三联书店，1989. 钱纳里为中文版所作序言第 1 页.

2.1.1　日本"废旧建新产业重构"与资本扩张①

外国学者 Martin Hart – Landsberg 和 Paul Burkett（1998）曾以日本资本向外扩张为主线，详细地描述了日本产业向东亚其他经济体转移的过程，他们将这一过程称为日本"废旧建新产业重构"②（scrap-and-build industrial restructuring），并将这一过程分为三个阶段（见表 2.1）。

表 2.1　　　　　　　　　日本"废旧建新产业重构"

时间	旧产业	新产业	转移原因
20 世纪 60 年代中后期至 1973 年第一次石油危机	棉纺织、合成纺织	重化工业	劳动力成本升高、贸易摩擦
1973 年第一次石油危机至 1985 年广场协议	重化工业	机械产业：一般机械（包括办公机器）、电器器械（包括电视和收音机接收器、录音机和半导体）、运输机械（包括摩托车）和精密机械	石油及其他初级产品价格上涨
1985 年广场协议以后	摩托车和消费电子产业	没有建立起新的核心产业	日元升值、与美国贸易紧张

资料来源：根据 Martin Hart – Landsberg，Paul Burkett（1998）相关内容整理。

1. 第一轮废旧建新产业重构

"二战"结束，美国基于地缘政治的考虑，积极将战略地位重要的东亚地区置于美国"冷战"外交之中。随着日本"二战"以后

---

①　三个阶段的描述来自 Martin Hart – Landsberg，Paul Burkett. Contradictions of Capitalist Industrialization in East Asia：A Critique of "Flying geese" Theories of Development ［J］. Economic Geography，1998，74（2）：87 – 110.

②　"二战"后，"废旧建新"的观点在日本官界和商界得到普遍的认同。日本的政策制定者，通过制定产业政策，明确地将产业区分为"朝阳产业"与"夕阳产业"或"新工业"与"旧工业"。日本著名企业家松下幸之助把"废旧建新"作为终生的座右铭，松下认为"在风云际会的变动中，仍用古老生产设备、抱持意识是不行的"、"有非常的破坏，才有非常的建设"、"不要怕多花钱，结果还是胜算"。无论是日本的政策制定者还是商界精英，"废旧建新"体现的均是主动出击的优势思维方式。

的"第二次开放"（Sakamoto，1987），其所采取的外交政策的核心是与西方国家尤其是美国保持紧密联系。自 1951 年《对日媾和条约》和《日美安全保障条约》签订起，日本从与美国的这种"特殊关系"中获益匪浅。条约规定，一旦美国要求进行军事合作，日本应承担最低限度的义务，但美国应提供最大的经济帮助。在美国成为日本和东亚地区安全的保护者的情况下，日本开始专注于经济发展。

20 世纪 50 年代早期到中期，日本经济恢复到战前水平。这主要是朝鲜战争特需采购（special Korean War procurements）的结果，形成了所谓的"特需景气"。日本建立了围绕出口的积累模式，这一模式有助于弥补由于剥削程度提高（实际工资的增长小于劳动生产率）而加大的有效需求缺口。

20 世纪 60 年代初，日本出口的主要是初级轻工业产品，如纺织品、玩具和简单的电器等，其中收音机是日本主要出口品。由于女性劳动力的使用，日本的轻工业产品出口极具竞争力。然而到 60 年代中期，由于产出增长和雇佣增加促进了女性工资的上涨，使日本维持出口品国际竞争力变得困难。随着贸易摩擦特别是与美国之间贸易摩擦的增多，日本进行了战后第一轮废旧建新产业重构。这一过程从 60 年代中后期开始持续到 1973 年 10 月第一次石油危机（oil shock）爆发。

20 世纪 60 年代中期开始，棉纺织生产转移（moved）到东亚（NIEs 和 ASEAN 国家），接着是合成纺织生产（Steven，1990）。随后，劳动密集型消费电子产品包括收音机、电视机和录音机也开始在东亚国家生产重新定位（relocation of production）（Tsuru，1993）。这一时期日本新建立的国内产业结构以重化工业为中心，加工进口原材料并出口钢铁、船只、化学和石油制品（Steven，1990）。这种转移（shift）产生了新的核心产业，而且使一些轻工业（如零件制造）能够继续在日本生产——特别是那些核心产业企业的转包商（subcontractors）。正如 Steven（1990）所释："这些年国内重工业的发展达到制高点，成为'日本奇迹'的象征，并带来

了前所未闻的男性劳动力的工资和条件。然而，也看到大量的已婚
女性流入到临时性和兼职工作中。"

2. 第二轮废旧建新产业重构

日本第二轮废旧建新由 1973 年石油及其他初级产品价格上涨
激发，一直持续到 1985 年《广场协议》（Plaza Accord）的签订。
石油危机给日本新建立的进口依赖核心产业带来了很多问题，日本
政府和企业一道对此作出迅速反应，逐渐将重化工业转移（displacement）到亚洲其他国家和地区，而在本国发展新的核心产
业——机械产业：一般机械（包括办公机器）、电器机械（包括电
视和收音机接收器、录音机和半导体）、运输机械（包括摩托车）
和精密机械。这些工业是振兴出口和产出增长的"第二次日本奇
迹"的关键。

与第一阶段相同，废旧建新第二阶段的利润来自对日本劳动力
的压制，部分通过增加临时劳动和转包劳动体系实现，因而 1975 ~
1980 年主要资本主义国家中只有日本保持了工资成本不上涨（Steven，1990）。和第一阶段一样，"废旧"活动的重置区域主要定位
在东亚。

3. 第三轮废旧建新产业重构

然而，日本对机械产业出口不断增加的依赖被证明是存在问题
的。1985 ~ 1987 年，日本 40% 以上的机械都出口到北美，主要是
美国，其中包括 60% 的摩托车出口。日本在主要的、高附加值产品
上的出口成功被许多美国分析家视为美国贸易赤字增长和美国经济
去工业化（deindustrialization）的主要因素。结果是 20 世纪 70 年代
末和 80 年代初开始，美日贸易关系日益紧张。[1] 围绕这些议题，双
方的经济摩擦在 1985 年《广场协议》签订时达到顶峰。《广场协
议》通过汇率调整来实现贸易平衡。G5 国家一致支持美元下跌和

---

① 20 世纪 80 年代中期，在美国底特律和华盛顿特区的各城市，美国工人将工作用
的锤子砸向日本汽车和电视机，对日本的技术进步强烈不满的"美国新卢德派"出现。

日元升值。1985～1988年，日元升值超过了46%，从而威胁到日本的出口竞争力，引发了"高日元危机"（high-yen crisis：endaka fukyo）。第三阶段废旧建新的主要特征是对ASEAN制造业FDI以及来自ASEAN的制成品出口的爆炸式增加。日元升值，韩元、台币相对贬值，韩国和中国台湾地区向美国出口增加，引起贸易摩擦激化，美国取消了对这些地区和国家的普惠制，迫使韩元和台币升值，从而使它们的产业也向外转移。

日元锐升重创了日本的生产商，但是随之而来的萧条并没有持续很长时间。1987年，生产呈现上涨趋势。这种快速复苏主要有两个原因：虽然利润率下降，但日本生产商非常成功地控制了出口品的美元价格。这一方面由于日元汇率较高使日本企业进口石油和原材料变得相对便宜；另一方面由于日本劳动者的软弱使资本家能"调整工资和工作条件"（Tsuru，1994）。但是，由于日美关系紧张来源于日本与美国的贸易顺差，因而这种"成功"也不能带来长期的经济稳定。

导致日本快速复苏的第二个力量是声名狼藉的"泡沫经济"（bubble economy），即证券投资和不动产投资的虚假繁荣，包括股票、土地和房屋价格的上涨（Oizumi，1994）。"泡沫经济"直接维持了投资，也助长了拥有大量房地产和金融资产的日本人的消费繁荣。货币政策是调和的，因为政府仍维持对大公司和其他出身较好的借款者的低利率。

尽管复苏，但与前两轮废旧建新中所采取的战略形成鲜明对比，日本的政策制定者和企业没有认真地建立新的核心产业来替代在第三阶段大量转移到国外的摩托车和消费电子产业。在日元升值的头5年，日本企业投资大约6000亿美元，比同期美国企业的投资还要多（Fallows，1994）。然而，这些投资主要是被企业用来对现有工厂和设备实现现代化，而在提高现有产品的国内生产能力方面作用较小。因而投资的主要关注点是对制造商的设施进行现代化，特别是机械和高级部件，目标市场是其他公司（通常位于海外)，而并不是最终消费者（特别是本国消费者）。

20 世纪 80 年代末，日本的投资热潮不只局限于本国。1981～1985 年，日本对外投资总额达到 470 亿美元，接下来的 5 年增长到 1700 亿美元（Steven，1996）。虽然金融、房地产和商务活动领域的对外扩张是主要的，但在重置那些最易受高日元和与美国贸易紧张关系影响的商品生产（relocating production of goods）的战略驱动下，日本出现对外投资热潮（Sheridan，1995）。1988 年，日本对 ASEANs 的投资首次超过了对 NIEs 的投资，而且差距日益增大。1985 年后的日本对 NIEs 和 ASEANs 的投资主要投向制造业。1986～1990 年，制造业子公司占日本在 NIEs 新建子公司的 50.4%，ASEAN 国家占 59.1%（Hitoshi，1993）。

2.1.2 东亚区域产业转移的浪潮

伴随着三轮废旧建新产业重构的推进，日本的资本扩张掀起了三次高潮（见表 2.2）。对照表 2.1 可以清楚地发现日本产业转移与资本扩张时间上的同步性以及产业上的一致性。这也从一个侧面反映出，FDI 是日本向东亚区域产业转移的一个主要手段。

表 2.2　　日本对外投资的结构性变化（占制造业%）

年份	劳动密集型轻型产业				资本、装配、技术密集型产业			
	食品、饮料	纺织品、服装	其他制成品	总计	化工与石油、煤制品	钢铁与有色金属	机械、运输设备与电气机械	总计
第一次高潮 1969～1973 年	5.0	23.8	14.7	43.5	18.9	14.7	22.9	56.2
第二次高潮 1978～1985 年	4.3	5.2	10.5	20.0	16.6	25.2	38.2	80.0
第三次高潮 1986～1990 年	5.2	3.3	17.9	26.4	12.2	8.9	52.5	73.6

资料来源：联合国跨国公司与投资司编.1995 年世界投资报告.335. 转引自李晓（2000）：131. 表 4 - 9。

"二战"后日本的对外投资主要集中在东亚区域，在日本的推动下，东亚各经济体纷纷开始了工业化的进程。如前所述，美国在日本"二战"后的工业化进程中，起到积极的推动作用，因而许多学者都把美国这一东亚重要的"隐性"成员（汪斌，1997；陈建军，2006）作为拉动整个东亚经济起飞的初始源泉，因而在对东亚区域产业转移的研究中，将20世纪50年代美国对日本的产业转移作为东亚区域产业转移的第一次浪潮。笔者认同美国在东亚区域发展中的重要作用，但因本书已将东亚区域产业转移界定为东亚特定成员之间的产业转移，因而不讨论美国向日本的产业转移过程，将美国对日本的产业转移作为东亚区域产业转移的前期，故本书所讨论的东亚区域产业转移主要有三次浪潮。

下面简要回顾一下这三次较为明显的东亚产业转移浪潮的概况。

1. 20世纪60年代第一次东亚区域产业转移浪潮

20世纪60年代，由于国内劳动成本的上升和国际贸易摩擦的加剧，作为日本主要出口品的劳动密集型的轻纺工业逐渐丧失了原有的比较优势。日本经过50年代的快速追赶，在资金、技术方面有了一定的积累，随着第一次废旧建新的推进，日本集中力量发展钢铁、化工、汽车和机械等资本密集型出口导向工业，而把劳动密集型的轻纺工业逐渐转移到发展中国家或地区。与此同时，NIEs经过50年代的进口替代，劳动密集型的轻纺工业有了相当程度的发展，并且在劳动力素质和价格上较其他发展中国家具有绝对优势。NIEs抓住时机，采取出口导向型经济发展战略，凭借其优越的地理位置和相对廉价的劳动力成本，吸收来自日本的产业转移，大力发展轻纺等劳动密集型产业。这一时期，ASEAN4也开始仿效日本和NIEs，对国内产业结构进行调整，积极推进进口替代型工业战略。也就是在这10年中，日本成功地实现了国内产业结构调整，创造了"日本经济奇迹"，而NIEs也顺利地实现了经济的腾飞。

2. 20世纪70年代第二次东亚区域产业转移浪潮

20世纪70年代，严重的世界性经济危机和前后两次的石油危机,使日本在第一轮废旧建新重构中建立起来的重化工业倍受打击。由于国内资源匮乏、国内市场狭小,继续发展重化工业将不再具有比较优势,日本转向发展技术密集型产业,而把高能耗、高污染的资本密集的重化工业以及其他劳动密集型产业继续向东亚其他国家和地区转移。因经济迅猛发展而弱化的廉价劳动力优势,加之发达国家对轻纺工业产品进口采取限制政策,迫使 NIEs 也开始及时调整自身产业结构:一方面大力承接日本转移来的某些资本密集型产业,如钢铁、化工和造船等工业;另一方面也开始将失去比较优势的一部分劳动密集型产业转移到东盟国家。这一时期,ASEAN4 顺利承接轻纺工业,并将其迅速扶植成面向出口的主导工业,积极向出口导向工业化发展战略转换。

3. 20 世纪 80 年代中期第三次东亚区域产业转移浪潮

在日美间的贸易中,日本和美国的不对称合作使日本能够关闭国内的市场(高柏,2004)。20 世纪 80 年代以来,发达资本主义国家普遍出现贸易保护主义倾向,加之日本对美国的贸易顺差不断增加,日本与美国之间的贸易摩擦日益加剧。1985 年 9 月《广场协议》签订以后,日元大幅升值,日本进入了对外投资大爆炸时代。日本一方面开发和普及创造性技术与知识密集型产业,与美国在高技术产业领域争夺“制高点”,并以微电子最新技术改造原有传统产业,以适应国内需求的变化;另一方面进一步将一部分附加值较高的轻纺工业、汽车、电子等技术标准化的资本密集型和部分技术密集型产业,转移到 NIEs 和 ASEAN4。对 ASEAN4 的产业转移主要以利用当地廉价的劳动力和丰富的自然资源优势进行加工、生产,产品再返销国内或直接向第三国出口为目的,而直接出口至第三国的做法对减少日本与第三国之间的贸易摩擦也起到了一定的积极作用。

紧随日本对外投资大爆炸之后,20 世纪 80 年代末,韩国和中国台湾企业也开始增加对外投资。日元升值提高了韩国和中国台湾产品的国际竞争力,1986～1988 年,它们借机大量增加对美国和日本的出口。然而，两者贸易顺差的急剧增加使美国政府要求它们也和日本一样重估货币并进一步开放市场，甚至取消了它们的普惠制待遇。出口条件的恶化，促使 NIEs 复制了日本的资本扩张过程，向 ASEAN 进行产业转移。而 80 年代中期，由于初级产品出口价格下跌、外部利率上升、官方资本流入减少，ASEAN3① 面临严重的收支不平衡问题。ASEAN3 政府积极发动一些新项目（包括免税政策—generous tax policies），使 ASEAN 地区成为发展中国家和地区中最具吸引力的投资地点，并吸引了大量的 FDI，尤其是在 1987 ~ 1991 年间（Yue，1993）。在向外转移产业的同时，NIEs 也积极调整发展战略，提高了对技术的重视程度，韩国提出"科技立国"，中国台湾强调"科技升级"，新加坡提出"第二次工业革命"，中国香港则标榜"工业多元化"。ASEAN4 在接受产业转移的过程中，积极发展劳动密集型产业以及与此相关的资本和标准化技术密集型产业。

随着中国改革开放的推进，中国逐渐融入到区域和全球的生产分工中来。20 世纪 90 年代以来，中国经济突飞猛进的发展使东亚各层次的国家和地区都感到来自中国的竞争压力，同时也发现了产业转移的新机遇，纷纷将失去比较优势的产业转移到中国甚至越南等更为后发的东亚经济体。

2.1.3　"雁行"发展形态与"东亚奇迹"

东亚区域产业转移是一种看似简单、实则繁复的过程。历史变迁的回顾，有助于我们明其就里。简言之，"二战"后东亚区域产业转移主要表现为纺织、钢铁、机械、电子等产业沿着日本→NIEs→ASEAN4→中国的路径逐级转移。伴随着产业转移的过程，东亚实现了一前一后（in tandem）的快速增长，创造了一个又一个的有目共睹的奇迹——首先是日本，然后是 NIEs，接着是 ASEAN4 和之后的中国。正如 Ozawa（2003）所述：美国向海外转移制造业的高倾

---

① ASEAN3 指的是马来西亚、泰国和印度尼西亚三国。

向带动了日本 20 世纪 50 年代的大发展，而后日本作为东亚区域
"结构中介者"和"产能扩大者"，带动东亚其他经济体相继走上
发展的道路，经历了如图 2.1 所示的对外投资、出口增加的"比较
优势循环"过程。

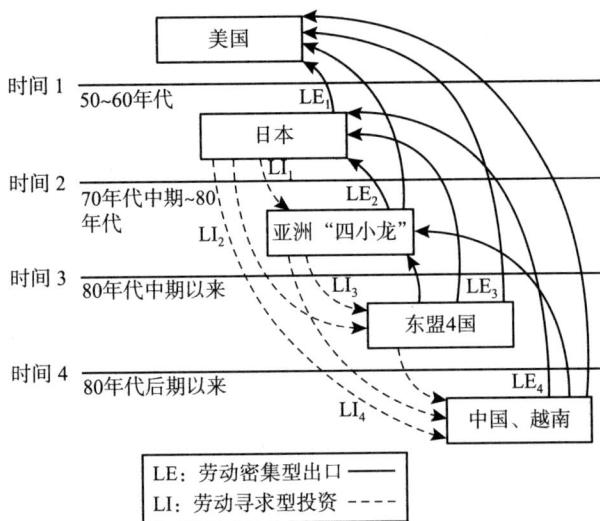

图 2.1   通过 FDI 和外包的劳动密集型制造业比较优势循环

注：图中年代均为 20 世纪。

资料来源：Ozawa（1993）。

日本的废旧建新及对外资本扩张，拉开了日本主导的东亚更加
"区域结构化"的生产体系时代的序幕，各个主角也相继登场，增
长顺序传递，而且发展速度更为惊人。战后日本花了近 20 年的时
间完成了工业化，NIEs 用了 10 年左右的时间，而 ASEAN 经济起飞
所花的时间不到 10 年。这种"压缩的经济成长过程"，迅速缩小了
各国、各地区之间的经济差距（李晓，2000）。具体的工业发展顺
序见表 2.3。

表 2.3　东亚主要国家（地区）主要产业的引入成长期及先后顺序

产业	日本	韩国	中国台湾	中国香港	新加坡	马来西亚
纤维	1900~1930 年 1950 年恢复	60~70 年代	60~70 年代	50 年代初期	60 年代初期 70 年代恢复	70 年代后期
服装及饰物	50 年代	60~70 年代	60~70 年代	50~60 年代		
玩具、钟表、鞋类	50 年代			60~70 年代		
钢铁	50~60 年代	60 年代后期 70 年代初期				
化学	60~70 年代	60 年代后期	70 年代			
造船	60~70 年代	70 年代初期				
电子	70 年代	70 年代后期	80 年代			80 年代中期
汽车	70~80 年代	80 年代				90 年代初期
电脑、半导体	80 年代	80 年代后期				90 年代初期
银行、金融				70 年代后期	80 年代	

注：表中年代均为 20 世纪。

资料来源：［韩］安忠荣. 现代东亚经济论［M］. 北京：北京大学出版社，2004：29，表 5。

正如表 2.4 所示，"二战"后，东亚的工业化浪潮属于一种迟发展地区带有明显的区域性赶超特征的经济现象。不仅整个地区的经济保持了 30 多年的持续高速发展，而且随着工业化的波峰由先进国家向后进国家逐步推移，区域内呈现出一种发展势能梯次转移，不同发展阶段的国家多层赶超的格局。日本经济学家把这种格局称为"雁行形态发展"（张捷，1999）。

第二次世界大战后，东亚地区不但发生了工业化变革的高潮，也出现了令世人瞩目的"经济奇迹"：20 世纪 60 年代，日本经过高速经济增长，由昔日的战败国一跃成为世界经济大国；70 年代，NIEs 在短期内跃入新兴工业化国家和地区行列；80 年代，东盟四国已改变殖民地面貌，追赶 NIEs，进入工业化。在这一变革过程中，直接投资起了相当大的推动作用。战后日本经济的迅速崛起，得力于战后初期美国的大量投资；NIEs 的腾飞，与美、日的直接投资分不开；东盟四国自进入 80 年代以来的经济起飞，又是和日本、NIEs 对其大量的直接投资密切相关（汪斌，1997）。

表 2. 4　　　20 世纪东亚地区的"雁行形态"经济增长（%）

⋯60 年代⋯				1986 年	1988 年	1989 年	1990 年	1991 年	1992 年	1993 年	1994 年	1995 年
			中国		3. 8	9. 3	14. 2	13. 5	11. 8	10. 2		
		马来西亚			9. 2	9. 7	8. 7	7. 8	8. 3	9. 2	9. 5	
	新加坡				11. 1	9. 4	8. 1	7. 0	6. 4	10. 4	10. 2	8. 8
	韩国			11. 6	11. 5	11. 3	6. 4	9. 5	9. 1	5. 1	5. 8	9. 0
日本	10. 2⋯			2. 6	4. 1	6. 2	4. 7	4. 8	4. 1	1. 3	0. 1	0. 9
	中国台湾			11. 6	12. 3	7. 3	7. 6	4. 9	7. 2	6. 5	6. 3	6. 1
	中国香港			10. 7	12. 9	8. 0	2. 5	3. 4	5. 1	6. 3	6. 4	4. 6
		泰国			13. 3	12. 2	11. 6	8. 4	7. 9	8. 3	8. 8	8. 6
		印度尼西亚			7. 5	7. 2	7. 0	6. 5	7. 5	8. 1	8. 1	
		越南				2. 3	6. 0	8. 6	8. 1	8. 8	9. 5	

　　注：东亚各经济体 1961 ~ 2006 年经济增长率详细数据可见附录表 1，但由于来源的差别可能与上表不尽一致。

　　资料来源：樱花综合研究所、环太平洋研究中心编：《图解亚洲经济》，转引自张捷（1999）：5，表 1 - 4。

　　值得注意的是，伴随着战后日本废旧建新的过程，日本在其组织超国家（supra-national）、跨国界（cross-border）的东亚区域性"比较优势再循环的增长集群"中扮演着至关重要的角色（Ozawa，2003）。长期以来，日本一直在东亚区域扮演着供给者的角色，无论是官方发展援助（ODA）还是对外直接投资（FDI）或是中间产品资本货物抑或技术服务，当然最重要的是制度。日本资本试图将潜在的竞争者整合至区域生产结构中，使其为日本的利益服务，并限制区域内对这些利益的挑战。这需要将 NIEs 和 ASEAN 的资本一体化到具有层级的生产和投资体系中来，这一体系允许日本资本运

用其技术、资金和市场主导优势，在不同层级的竞争企业间为最大
化利润的创造和分配订立规则。但是，由于日本的工业化是后发国
家"赶超战略"的产物，其出口导向的发展战略使其对外部市场尤
其是美国市场非常依赖，因而在日本主导的东亚产业转移过程中，
美国的重要性也随之传递，从而形成了整个区域对美国市场的依
赖，美国成为东亚区域出口产品的主要需求者。

2.2 "雁行模式"理论梳理

在绪论中，笔者曾对"雁行模式"作了简要介绍，本部分略为
扩展，下部分由于研究的需要仍会提及，三部分叙述中亦有交叉。

"雁行模式"因其解释了东亚区域的快速增长而闻名，"雁行"
工业化的区域传递曾一度被誉为亚洲经济增长的引擎。然而1997
年亚洲金融危机后，人们开始对亚洲的奇迹进行反思，并对东亚
"雁行模式"的发展提出质疑。

2.2.1 "雁行模式"的起源

"雁行模式"（the flying geese paradigm，以下简称 FG 理论）最
早于1932年由日本学者赤松要提出。赤松要称其为"the gankoo
keitai"（a flock of flying geese），其所描述的是赶超经济体的产业发
展。尽管 FG 理论在20世纪30年代已经很有名，但直到60年代，
赤松要一直都在继续精练它。自从赤松要时代以来，这一理论经过
许多修改，出现了多个升级版本。尽管赤松要一直坚称自己是纯学
者，但其理论在"二战"时曾一度被认为替日本推行"大东亚共
荣圈"（Great East Asian Co-prosperity Sphere – Dai Tooa kyooeiken）
做合理性宣传。在"二战"后日本的重建中，该理论的重要性增
加。日本需要赶超西方国家，而该理论正好提供了这样一种方法。
FG 理论作为一种经济理论也反映了那个时代的基调——主要集中在
经济上（Pekka Korhonen，1994）。后来"雁行模式"逐渐淡出公

众视野，80 年代后半期被重提，学者和官员们将其作为通过日本的外援和投资开展东亚区域一体化的框架。由于赤松要早期的相关论述几乎都是日文的，因此西方世界对该理论并不熟悉，直到 1961 年和 1962 年其英文论文的发表，才逐渐被认知，FG 理论才开始出现在外国文献中。

　　20 世纪 30 年代，赤松要对日本的棉纺织工业史进行了研究和实证分析，发现日本棉纺织业的发展经历了"国外进口—国内加工生产—向国外出口"（import-production-export）三个阶段，由于这一过程在图表上呈倒"V"形，在曲线图上就像一群飞行的大雁，所以将其命名为"雁行模式"（见图 2.2）。除了以上基本的雁行形态外，赤松要又把发展中国家的产业发展由消费品向资本品、由粗加工向精加工的升级，以及由先进国家（leading countries-senshinkoku）领头、不同发展阶段的国家（follower countries-kooshinkoku，newly rising countries-shinkookoku）追随其后的体系称为派生的雁行形态。①

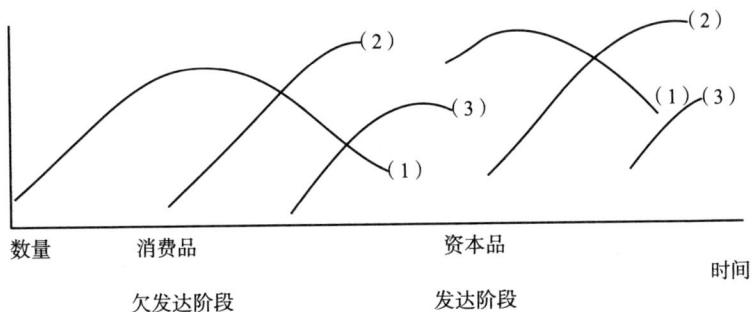

图 2.2　赤松要最初的雁行范式：图解

注：纵轴：（1）进口，（2）生产，（3）出口；横轴：时间推移。
资料来源：Akamatsu（1961）。

　　赤松要（1961）还揭示了生产多样性形成的生产分工：①产业

---

　　①　赤松要．世界经济论［M］．日本：国元书房，1965：173.

内产品周期（intra-industry product cycle）：即在每个产业部门内出现新的产品组，从未加工的、简单的产品到复杂的、精练的产品，例如，从棉制品到毛制品再到合成材料制品。②产业间产品周期（inter-industry product cycle）：劳动、资本、技术，即任何一个国民经济的发展水平，这种发展的特征是生产从消费品到资本品转移，例如：从纺织到钢铁、造船、汽车和计算机。

赤松要从发展及政策制定的角度，强调了贸易对后发国家的重要作用：贸易是将产品和技术引入一国的主要途径，而进口在某种程度上能促进技术转移，并能促进生产进口替代产品所需的资本货物的获取。

2.2.2 "雁行模式"的发展

赤松要的理论并不是历史珍藏，而是鲜活的知识力量（Pekka Korhonen，1994）。在"雁行模式"的魅力感召下，许多学者纷纷加入对"雁行模式"的研究、扩展、修订、完善中来，其中比较著名的有赤松要的学生小岛清（Kiyoshi Kojima）以及小泽辉智（Ter-utomo Ozawa）、山泽逸平（Ippei Yamazawa）等。经过小岛清（1958，2000）、小岛清和小泽辉智（1984，1985）以及山泽逸平（1990）的拓展和完善，"雁行模式"被赋予了新的含义，用于解释日本对东亚其他经济体的 FDI、贸易以及产业转移等现象。至此"雁行模式"实现了从"国内版"到"国际版"的升级（Kwan，2002）。

由图 2.3 可见，在山泽逸平的分析框架下，国内版"雁行模式"描述了特定国家由纺织—化学—钢铁—汽车—电子产业升级的过程，国际版"雁行模式"展示了特定产业（如纺织）由日本—ANIEs—ASEAN—中国—越南/印度的国际转移过程。在对东亚的研究文献中通常所说的"雁行模式"，正是国际意义上的"雁行模式"。

（a）特定国家
比较优势指标

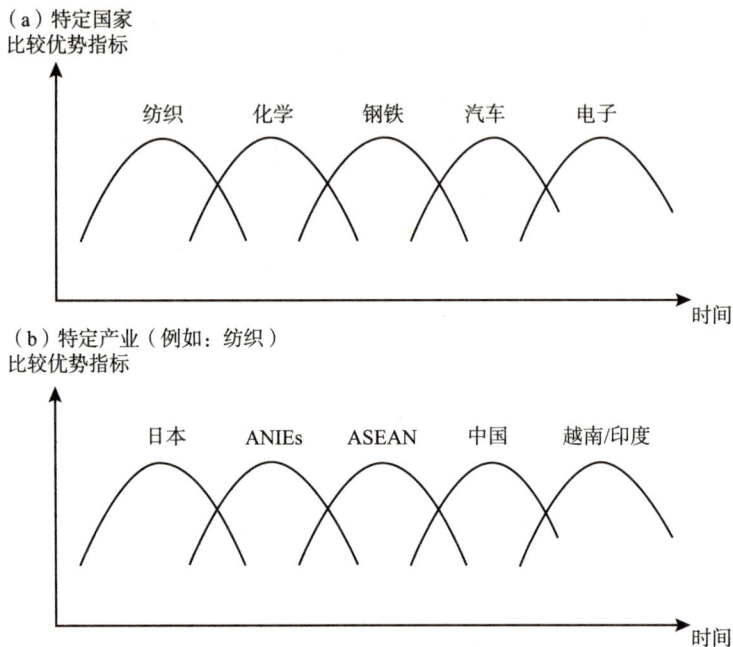

纺织　　化学　　钢铁　　汽车　　电子

時间

（b）特定产业（例如：纺织）
比较优势指标

日本　　ANIEs　　ASEAN　　中国　　越南/印度

時间

图2.3　"多重顺序"的"雁行模式"修订版

资料来源：Kwan（2002）。

小岛清在 FG 理论发展的基础上建立了三个理论模型——小岛清模型Ⅰ：产业多样性及合理化；小岛清模型Ⅱ：顺贸易导向型 FDI；小岛清模型Ⅲ：协议性分工（Kojima，2000）。

小岛清（1973）曾对日本的对外投资进行了深入的研究，并将日本式 FDI 和美国式 FDI 加以区分：日本式 FDI 是"顺贸易导向"（pro-trade）或"贸易创造"（trade-creating）的，建立在为了迎合日本和其他发达经济体市场的出口导向的战略之上；美国式 FDI 是"逆贸易导向"（anti-trade）或"贸易替代"（trade-substituting）的，建立在为了迎合东道国当地市场的进口替代战略之上。日本式 FDI 是"以宏观为中心"（macro-focused），旨在开发东道国经济体，特别是发展中国家，使其成为日本经济的补充；美国式 FDI 是"以微观为中心"（micro-focused），旨在为单个企业谋得利润。

小岛清对比了"雁行模式"和弗农的"产品周期理论"，指出二者在顺贸易导向 FDI 下可以互换使用，而在逆贸易导向 FDI 下却存在不同。

小岛清对 FG 理论的扩展主要在于：①将 FG 范式描述为"赶超式产品周期模型"（catching-up product cycle model），并首次将 FDI 引入 FG 范式；②将 FG 范式与一体化理论结合，旨在在太平洋地区建立保障区域稳定和经济发展的区域体系，而且 20 世纪 60 年代以来曾提出过多个关于一体化的构想。

美国教授 Ozawa 是小岛清的研究合作者之一，他曾将赤松要的 FG 理论基本型归纳为"发展先后的自然顺序"（natural-order-of-de-velopment-sequencing），后又绘图描绘日本（头雁）向亚洲发展中经济体（随雁）工业化发展雁行模式三阶段传递过程。

Ozawa 对 FG 理论的扩展主要如下：

（1）特定产品（或一个产品群）的产品周期先后顺序。一国经济按照产品生命周期的贸易框架，包括四个阶段：进口、进口替代生产、出口和最终再进口。

（2）经济发展产业周期先后顺序。产业以与一国经济变动相关的要素及技术禀赋相协调的方式逐渐发展，这也意味着一国将生产活动（和出口）从附加值较低、劳动较为密集、资本较不密集的产业向附加值较高、劳动较不密集、资本较为密集的产业移动。这是遵循比较优势的动态路径产生自我维持和自我推进力量的有组织、有顺序进程的明显指示。

（3）各民族经济体间沿着区域层级形成的产业活动在经济体间转移的先后顺序。这种产业转移将在已获取最适合转移的资源和技术能力的经济体内发生。

Ozawa（2002，2003，2005）在关于"雁行模式"的相关论述中，着重强调美国在 FG 范式中的领头作用，并将其作为东亚雁阵的"头雁"，而将日本作为"第二雁"，将东亚地区的发展描述为

美式和平主导下的 "比较优势再循环的增长集群" (comparative-advantage-recycling cluster)。

2.2.3 "雁行模式" 的传播

在 "雁行模式" 的传播中，值得一提的有两位名人：一位是美国著名的朝鲜问题专家布鲁斯·卡明斯 (Bruce Cumings)，另一位是日本前外相大来佐武郎 (Saburo Okita)。

1984 年，布鲁斯·卡明斯在美国发表了他关于东北亚政治经济起源和发展的著名文章，而后 FG 理论开始受到重视。而大来佐武郎的贡献在于将 FG 理论作为日本的亚洲政策，向东亚国家宣传推广。

"二战" 前，日本就积极行动将亚洲国家拉入国际贸易，其效果在日本的殖民地尤为显著，这也是一种向工业化发展的转型。战争加速了亚洲各国的独立，政治独立为经济发展带来了可能。负责计划扩展日本贸易方法的大来佐武郎观察到，雁行发展模式理论对追随国是最有效的，因为它描绘了一个明确的国家目标以及所要遵循的实践步骤。大来佐武郎发现在亚洲关于日本出口有三个问题：第一，战争以来对日本的不信任；第二，国际国内政治、宗教、种族冲突；第三，贫困，即亚洲国家负担不起从日本的过多进口。解决的方法是广泛促进亚洲发展。在这种情况下，日本最明智的选择是多方互利地利用这一过程。亚洲工业化需要大量资本、货物的投入，而日本是理想的提供者。如果亚洲按雁行模式发展，则将从构建劳动密集型的轻工制造业开始，这些产业是日本的夕阳产业，却是亚洲其他国家的朝阳产业。由于日本先于亚洲国家几个阶段，这一过程将极大促进日本化学和金属加工业的发展。日本和亚洲国家都会获得经济利益，且可以从消除冲突、增进和平中受益。这是大来当时的基本观点 (Pekka Korhonen，1994)。

大来作为 "传教士"，在东亚和东南亚国家旅行的时候，向这些国家解释了雁行发展模式理论 (Okita，1975)。1985 年，在汉城召开的第四届亚太经济合作会议上，大来在演讲中将 FG 理论介绍给广大听众。在其演讲之后，FG 理论很快在东亚区域得到普及，并被认为是亚洲发展和一体化的模式（Kojima，2000）。

2.2.4 "雁行模式"的实质与"东亚模式"

1. "雁行模式"的实质

"雁行模式"的确是"东亚模式"中流传最为广泛的理论，但也有日本学者说，"雁行模式"的广泛流传，不在于理论有多了不起，而多半是因为名字取得好，比喻形象，引人兴趣（陈建军，2002）。

笔者认为形象的比喻的确较好地描述了东亚的变化，但从前述可见，"雁行模式"的确是不同学者从东亚具体的发展变化出发对赤松要理论所做的不同诠释。"雁行"的比喻的确被学者们青睐，但对形式的认可并不阻碍对实质的探究，长期以来对于"雁行模式"的实质存在广泛的争论。

李晓（2000）认为，用"雁行模式"表述或概括在东亚地区形成的以日本为首、ANIEs 为两翼、ASEAN 和中国尾随其后的呈倒"V"形的经济起飞态势及其过程，并未揭示出东亚各国、各地区经济相互波及、相继起飞、增长的实质，或者说，"雁行模式"论只是描述了东亚经济依次相继起飞的客观现象，并未触及问题的实质。倘若我们用"雁行模式"来对东亚地区这种特有的产业关联和经济继起进行描述的话，它本质上是指东亚先进国家（地区）与后进国家（地区）之间的一种产业梯次传递的状态或过程，这种动态的产业梯次传递，形成了该地区特有的区域产业循环机制。

所谓东亚区域产业循环机制，是指东亚各国、各地区之间基于垂直分工（或部分水平分工）的一种资金流和物流的循环机制，通过这种资金流与物流的良性循环，有关国家或地区得以实现产业结构调整、工业化水平提高，最终实现经济起飞和连锁型的经济高速增长。具体讲就是：以 FDI 为核心的动态产业梯次传递（包括技术转移）→各国、各地区产业结构调整或优化→相互间贸易流量增大→各国、各地区生产规模、能力扩大，工业化水平提高→经济起飞或持续高速增长→更多或更高层次的产业梯次传递→……这其中，FDI 是东亚区域产业循环机制的主要引导力量。有资料表明，自 20 世纪 80 年代以来，东亚地区的经济发展表现为明显的"FDI 增长率 > 贸易增长率 > 实际经济增长率"这样一种动态过程。

汪斌（1997）认为，"雁行模式"只是一个特定历史时期的产物，充分代表了日本对东亚经济发展和合作的认识和构想。实际上，"雁行模式"的本质特征，是东亚地区先进国家向后进国家梯次转移和传递产业，促进了各国、各地区产业结构的依次调整和向更高层次的转换这样一种动态过程，即结构的相继连锁型转换。因此，他在其专著中分析东亚产业结构整体演化模式的动态特征时，把它归结为"结构的连锁型转换"，认为这反映了问题的实质。

"结构转换连锁论"是日本著名发展经济学家渡边利夫教授在雁行形态论的基础上进一步提出的。他认为，东亚经济之所以能在世界经济低迷时期始终保持旺盛的活力，关键在于其很高的"转换能力"（transformation capabilities），即东亚各国在根据条件变化进行自我调整、向更加高度化的产业结构转化的应变能力上，"显示出比其他地区更加超群的力量"；而且在该地区，由于各国和地区都具有很高的结构转换能力，一国的结构调整和转换会立即诱发出他国的结构转换，从而产生一种结构转换连锁效果，使整个区域经济保持一种生生不息的发展活力。[①]

Ozawa 一直强调"比较优势的循环"。他（2002）认为：一国的比较优势模式并不是自发出现的，而是需要来自政府/公共及私人层面的有意识的组织、加强和管理（例如，与赫克歇尔—俄林的要素比率贸易理论预测相反，许多劳动力丰富的国家却没能开发劳动密集产品的出口竞争力）。此外，贸易与结构变化及经济增长相互作用，比较优势的发展植根于时间（即对该国以及与其有商业往

———————
① 渡边利夫. 发展经济学——经济学与现代亚洲：237. 转引自张捷（1999）.

来的其他国家过去经历的路径依赖）和空间（即生产定位在哪里以及在特定区位环境怎样组织）。因此，东亚区域产业转移与历史、地理都有关系，而且关系很大。

事实上，日本循序渐进的产业升级对其他东亚国家的工业化产生了巨大影响。日本在低生产力的层次（或每层次的低端产品）上失去比较优势，便通过 FDI 把这些比较劣势的产业活动转移到亚洲其他经济体（首先是 NIEs，然后是 ASEAN4，最近是中国），在这些地方生产仍具有竞争力。事实上，这种形式的"产业脱落"（industrial shedding）和"比较优势循环"（comparative advantage recycling）已成为整个区域的产业结构推进器（Ozawa，1993）。

重新定位生产活动应该以合理的顺序发生，如从日本到第一层级 NIEs，从第一层级 NIEs 到第二层级 NIEs，从第二层级 NIEs 到中国。先行（forerunner）经济体的跨国公司将淘汰产业（obsolescent industries）转移到紧随其后的经济体，不久以后，追随经济体也会同样觉得这些产业该淘汰了。结果，越来越多希望在整个区域范围内扩张的东亚企业间竞争加剧，来自先行经济体的最初投资者（如日本企业）同那些来自追随经济体的投资者（如韩国企业）开始争夺它们共同的追随者（如马来西亚）。最后，来自其他经济体的投资者也可能加入争夺。这种转移可能引起淘汰产业倾销，进而导致余下的市场投资密度提高。

中国学者林毅夫等（1994）也是比较优势的拥护者。他们分析了日本和 NIEs 的发展经验，并认为它们的经济发展是一种循序渐进的过程。日本和 NIEs 在经济发展的每个阶段上，都能够发挥当时的资源禀赋比较优势，在不同的发展阶段上形成不同的主导产业。一个共同的规律是，随着经济发展、资本积累、人均资本拥有量提高，资源禀赋结构得以提升，主导产业从劳动密集型逐渐转变到资本密集型和技术密集型乃至信息密集型上面。

笔者认为，"产业循环"、"结构连锁转换"、"比较优势循环"并不是相互矛盾的，只是不同的学者从不同的角度出发作出的具体分析，看待"雁行模式"的本质离不开这些角度的分析，所以笔者主张综合地看待"雁行模式"的本质。

2. 东亚模式

东亚区域产业转移使产业在区域内成员间梯次传递，打造了东亚特有的区域产业分工，形成了紧密的产业关联，走出了与发达国家截然不同的工业化道路，并创造出东亚独特的循环或连锁型变化机制。这种循环或连锁型变化机制是创造"东亚奇迹"的"东亚模式"的重要支柱之一。

长期以来，人们对"东亚模式"的理解一直存在较大的分歧，争论从未间断。笔者赞同不存在单一的"东亚模式"，或者说至少应该从制度和产业两方面来分析。正如李晓（2000）所言："东亚模式"是"制度模式"和"区域产业循环模式"的系统组合。作为一种制度模式，"东亚模式"的特征具体表现为东亚各国、各地区的经济增长和工业化，是它们致力于经济增长和现代化的"强政府"理性地进行制度创新和制度供给，并有效地予以实施的结果；作为一种区域产业循环模式，"东亚模式"具体表现为20世纪60～70年代以来以日本产业结构调整和海外产业转移为发端的东亚区域产业循环机制的形成和发展，是东亚各国、各地区经济起飞并高速增长的重要的外在因素，如果抛开这一点就无法真正揭示"东亚模式"的内涵。张捷（1999）的观点也基本相同：日本模式是东亚模式的原型和滥觞。日本模式与东亚模式的内在联系存在两种基本形式：一种是通过制度的学习和传播所形成的制度关联机制，这是一条无形的纽带；另一种是通过贸易、投资等国际分工所形成的产业关联机制，这是一条有形的物质的联系纽带。

关于"东亚模式"的探讨，除了"雁行模式"外还存在着其他的理论，特别是随着东亚20世纪90年代以来的巨大变化，人们纷纷对"雁行模式"提出了质疑。韩国学者韩友德（2006）在其博士论文中，曾对相关学者关于东亚90年代以后的变化及新型的"生产分散化"出现的观点进行回顾，这里加以简要介绍。

（1）"竹节型资本主义"理论（Bamboo Capitalism Model）。

渡边利夫（2002）曾强调，随着20世纪90年代中国的崛起以及日本、NIEs加大对华投资，东亚地区已经完全脱离了"雁行模式"的发展框架。他认为，随着中国海外投资强有力的增长及其产业竞争力的增强，单纯强调比较优势转移的"雁行模式"再也无法成立。①

经济学家Ronald（2003）把1985年以后东亚地区发展模型定义为"竹节型资本主义"②。"雁行模式"认为夕阳（边际）产业在不同国家之间转移，对此Ronald并不赞同。他强调，所谓"夕阳产业"，其实正尝试着以国家间生产分工（竹节型模式）的模式来继续发展，即东亚各国和地区基于比较优势差异，各自承担某一特定产品生产的不同阶段，地区间的分工由此扩散到整个区域。"生产分散化理论"正好可以解释这一现象。

（2）"产业集群"模式（Industrial clustering Model）。

韩国的朴繁洵（2005）认为，东亚地区经济贸易的发展模式经过"雁行理论"与"竹节资本主义"后，正向"产业集群"模式发展。中国吸引了大量来自日本、NIEs等的直接投资，生产经济活动逐渐向某些特定地区集中，形成长江三角洲、珠江三角洲、环渤海经济圈等产业聚集区域。此外，韩国京仁地区（首尔至仁川）、日本关东地区以及湄公河流域、马来半岛等产业聚集区域也已形成，东亚地区的资本迅速流向上述区域③。

（3）"螺旋式发展"模式（Spiral Pattern of Development）。④

Okamoto Susumu（2005）针对东亚生产结构的新发展，对"雁行模式"进行了反思，提出所谓"螺旋式发展模式"，该模式表

① 渡邊利夫. 中國の躍進，アジアの應戰 – 中國威脅論を超えて" [M]. 东京：東洋經濟新聞社，2002.

② Ronald – Host, David. Global Supply Networks and Multilateral Trade Linkages：A Structural Analysis of East Asia. ADB Institute Discussion Paper Series，2003.

③ 朴繁洵. 东亚：寻找共同发展. 首尔：三星经济研究所，2005.

④ Okamoto Susumu, Spiral Pattern of Development and Triangular Trade Structure as a Regional Manufacturing Platform Structure、White Paper on International Economy and Trade，2005.

明，分析像东亚这样生产网络扩散超越国界的地区主要要考虑生产阶段。"螺旋式发展模式"呈现在一个三维立体的坐标系中，其中，X 轴代表中间产品，Y 轴代表最终产品，Z 轴代表螺旋模式。之所以将这个模型称为"螺旋式发展"是因为伴随着产业技术的发展和产品附加值的增加，产业移动呈现出一、四、三、二区间变化，它不是平面的而是立体的。如：日本出口的中间产品比进口的多，而进口的最终产品比出口的多。

2.3　东亚区域产业转移的特点及新变化

2.3.1　东亚区域产业转移的特点与条件

1. 东亚区域产业转移的主要特点

如前所述，从"二战"后到 20 世纪 90 年代，东亚区域产业转移的确呈现出较为明显的梯次传递，笔者将其称为东亚区域"雁行"转移，其主要特点如表 2.5 所示。

表 2.5　　　东亚国家（地区）不同时期选定的重点工业

	20 世纪 50 年代	20 世纪 60 年代	20 世纪 70 年代	20 世纪 80 年代
日本	劳动密集型轻工业（面向出口）资本密集型重化工业（进口替代）	→ 资本密集型重化工业（面向出口）资本技术密集型工业（进口替代）	→ 资本技术密集型工业（面向出口）技术知识密集型工业（进口替代）	→ 技术知识密集型工业（面向出口）创造性技术知识密集型工业（进口替代）
韩国	劳动密集型轻工业（进口替代）	→ 劳动密集型轻工业（面向出口）资本密集型重化工业（进口替代）	→ 劳动密集型轻工业（面向出口）资本密集型重工业（面向出口）资本技术密集型工业（进口替代）	→ 资本密集型重工业（面向出口）资本技术密集型工业（面向出口）技术密集型工业（进口替代）

续表

	20 世纪 50 年代	20 世纪 60 年代	20 世纪 70 年代	20 世纪 80 年代
中国台湾	劳动密集型轻工业（进口替代） →	劳动密集型轻工业（面向出口）资本密集型重工业（进口替代） →	劳动密集型轻工业（面向出口）资本密集型重工业（进口替代） →	劳动密集型轻工业（面向出口）资本密集型重工业（进口替代）技术密集型工业（面向出口）
印度尼西亚		劳动密集型轻工业（进口替代） →	部分资本密集型工业（面向出口）劳动密集型工业（面向出口）资本密集型工业（进口替代） →	劳动密集型工业（面向出口）资本技术密集型工业（进口替代）
菲律宾		劳动密集型轻工业（进口替代） →	劳动密集型工业（面向出口）资本密集型工业（进口替代） →	劳动密集型工业（面向出口）资本技术密集型工业（进口替代）
中国香港	劳动密集型轻工业（面向出口） →	劳动密集型轻工业（面向出口） →	劳动密集型工业（面向出口）资本技术密集型工业（进口替代） →	劳动密集型工业（面向出口）技术密集型工业（面向出口）
新加坡	劳动密集型轻工业（进口替代） →	劳动密集型轻工业（面向出口） →	资本劳动密集型工业（面向出口）资本技术密集型工业（进口替代） →	资本技术密集型工业（面向出口）技术密集型工业（面向出口）
泰国		劳动密集型轻工业（进口替代） →	劳动密集型轻工业（面向出口）资本密集型工业（进口替代） →	劳动密集型工业（面向出口）资本技术密集型工业（进口替代）
马来西亚		劳动密集型轻工业（进口替代） →	劳动密集型轻工业（面向出口）资本技术密集型工业（进口替代） →	精密劳动密集型工业（面向出口）资本技术密集型工业（进口替代）

资料来源：汪斌（2001）：108 - 110. 表 3.1。

（1）东亚区域"雁行"产业转移各层级经济体之间存在明显的差距，这种差距表现在要素禀赋、产业结构、发展阶段等方面。

（2）东亚区域"雁行"产业转移从产业异构到同构，各成员之间由互补到竞争，可能会导致各成员间竞争的加剧。

（3）东亚区域"雁行"产业转移使产业在区域内逐步扩散，从而带动整个区域的产业升级。

（4）东亚区域"雁行"产业转移，"头雁"具有绝对权威，产业的传递是以"头雁"的意志为转移，雁阵中"后来者"总是在一定程度上受制于"先行者"。

"头雁"日本的绝对权威导致其转移的产业为本国的"边际产业"，甚至是污染产业。"二战"后，日本曾制定明确的产业政策，通过与绝大多数工业化国家的比较，日本将特定的产业定为"朝阳产业"，"朝阳产业"的企业将会得到国家的特殊支持，另一些产业定为"夕阳产业"，"夕阳产业"的政府支持将逐渐停止。通过表 2.6 与表 2.1 的对比发现，日本向东亚转移的均是被列入"夕阳产业"的"边际产业"。

表 2.6　　　日本工业发展过程中的"朝阳产业"与"夕阳产业"

时间	朝阳产业	夕阳产业
20 世纪 40 年代末	采矿业	
20 世纪 50 年代	金属、化工、造船业	煤炭采掘业
20 世纪 60 年代	汽车业	纺织业
20 世纪 70 年代	计算机、通信设备	基础金属、化工、造船业
20 世纪 80 年代	航空、生物科技、新材料	
20 世纪 90 年代初		照相机、老式汽油动力汽车

资料来源：根据 Pekka Korhonen（1994）第 102 页相关内容整理。

（5）东亚区域"雁行"产业转移接受方均为"后进工业化"（late industrialization）甚至"后后进工业化"（late late industrialization）经济体，后进国虽然可能具有格申克龙（Gerschenkron）所讲的"后发优势"（latecomer's advantage），其发展战略多为"赶超战略"（catching up），但后发国家容易遭受"后来者的诅咒"（curse for the late comer）①。

相对于欧美以自由市场经济为基础的原生态工业化来说，东亚的工业化属于由国家力量发动的继生态工业化（张捷，1999）。继生态的工业化不是该社会内部的工业化因素自我积累和逐渐成熟的结果，而是对来自西方工业文明的冲击和压力等外来挑战的一种回应。因此，继生态工业化必然带有明显的人为因素和强烈的民族主义色彩。

（6）东亚区域"雁行"产业转移的经济体基本都倾向于"出口导向"战略，而其最终市场主要是美国，这也决定了东亚区域的内生增长，与美国这一场外因素息息相关。

（7）东亚区域"雁行"产业转移开始基本表现为"绿地投资"（green field investment）引致的产业链的整体搬迁。

（8）东亚区域"雁行"产业转移是比较优势循环的过程，是从经济援助到贸易援助的过程。

（9）东亚区域"雁行"产业转移基本是区域范围内的一种产业间垂直分工。

2."雁行"产业转移隐含条件

（1）雁阵内部。雁阵的组建需要不同发展程度的经济体的存在，因而如果"头雁"（leading goose）放缓或"随雁"（follower geese）增快都必将打乱原来的队形（break the flock）。如果要继续

---

① "后发劣势"的概念由杨小凯最早引进到国内，但却是一位名叫沃森的经济学家所提出，原文是"Curse To The Late Comer"，直译就是"对后来者的诅咒"。按照杨小凯和沃森的解释，"后发劣势"就是后发国家由于受各种因素的束缚，往往热衷于模仿发达国家的技术和管理模式，但对相应制度改革却不热心，而生产力发展到一定程度之后，滞后的社会制度将带来负面影响。经济发展越快，经济失衡现象就可能越严重，给可持续发展带来的隐患就越多和越大，最后使经济失去增长能力，甚至走向崩溃。有关数据表明，继NIEs之后，再没有一个经济体由发展中经济体转变成了发达经济体。其中最重要的原因就在于，后发国家在享受后发优势好处的同时，也在遭受"后发劣势"的诅咒。

维持这种传递机制，"头雁"就要永远保持领先，"先行者"永远要比"后来者"具备一定的优势，并且雁阵中每个队员的发展速度不发生突变。

（2）雁阵外部。东亚"雁行"产业转移形成的外在环境条件是世界市场的发展，特别是作为东亚"隐性"成员的美国市场的开放，使其与东亚呈开放态势的产业循环机制相衔接（汪斌，1997）。因而东亚对美国的依赖应该是两方面的：从供给方面来讲，美国为东亚实行"出口导向"战略的赶超经济体，提供了广阔的市场；从需求方面来讲，美国是世界上最先进的国家，而且是先进技术最主要的发源地，承接传递的机制，要求即使是已步入发达国家行列的"头雁"日本，很多时候也无法摆脱对美国的技术依赖。

需要指出的是，"雁行"产业转移的内外两个隐含条件，也导致了其两个比较明显的缺陷：

首先，"雁行"产业转移事实上形成了日本与其他东亚经济体之间的中心—外围关系，日本废旧建新的产业重构引致了东亚各经济体的产业升级和发展，日本主导的生产层级（Japanese-dominated production hierarchy）创造了东亚更加区域结构化的生产体系，其他经济体被被动地置于日本主导的区域分工中，并且在利益分配中处于不利地位，甚至以牺牲本国国民的福利来参与这种分工。

其次，"雁行"产业转移将对美国市场的依赖逐级传递，贸易摩擦也随之转移，而对同一市场的依赖势必增加各经济体之间的竞争。Shigehisa Kasahara（2004）预计到：这种转移可能引起可作为淘汰工业活动倾销基地的剩余市场上投资者密度的增加，并提出解决这个问题有三种可能的方法：第一，简单地扩展成员（或增加雁行成员数量），通过增加底部新成员来给投资者更大的空间；第二，改善现有成员的市场状况，或加强市场开发；第三，脱离现有的团队实现单飞。在除日本以外的东亚经济体中，第三个方法在韩国最为盛行，韩国投资者的目的地更为多元化。

2.3.2 东亚区域产业转移的发展与区域生产网络

20 世纪 80 年代以来，东亚区域的投资、贸易、生产等情况都发生了很大的变化。在整个 80 年代，东亚区域内投资增长了 3 倍，域内贸易增长了 1 倍，域内贸易增长率超过 10%，为同期世界贸易增长率的 2 倍（李晓，2000）。

投资的增长主要源于 1985 年《广场协议》以后的日元大幅升值。日元的大幅升值直接引发了日本企业的投资热潮，加速了日本产业结构的调整和转换。日元的大幅升值也引发了 NIEs 的变化，到 20 世纪 80 年代后半期，随着 NIEs 通货不断升值，劳动力成本急剧提高，迫使 NIEs 调整产业结构。在这一期间，日本和 NIEs 的大量企业转向海外生产。

东亚区域内贸易的增长主要体现在生产资料和工业零部件等中间产品贸易的扩大，所有的亚洲追随国家出口导向的增长都变得依赖从先进国家特别是日本进口 PCAs（零件、部件、配件）。Park 等学者做过相关考察：（NIEs）依赖日本作为资本和中间产品的主要供应商……20 世纪 80 年代，来自日本的几乎 80% 的进口是资本和技术密集型制造品。这种对日本在资本和技术方面的依赖日益增强。1987 年，（NIEs）50% 的技术密集型制造品的进口是从日本获得（1980 年 41%）（Ozawa，2002a）。

这一阶段，日本一方面大量增加来自东亚地区的工业制成品进口，从需求方面促进了本地区的增长；另一方面，日本企业面向东亚地区转移生产据点，在规模上达到空前的程度。这种海外直接投资在供给方面支持了东亚的迅速发展和结构的升级。而东亚区域产业转移的形式也在发生改变，从原来的产业链整体转移，逐渐演变为某些生产工序的转移。东亚区域产业转移，形成了东亚独特的区域内部分工；而伴随着东亚区域产业转移的发展，东亚区域内部分工也在发生变化：在产业间（工业部门间）分工进一步加速发展的同时，出现了产业内（工业部门内部）分工乃至企业内分工这种新的形式。由此，使东亚地区带有垂直分工某些特征的新型水平分工形态进一步朝多样化和高级化的方向发展，形成了在东亚域内相互依存的新型国际分工网络体系（汪斌，1997）。

20世纪90年代以来，日本泡沫经济的破灭使其陷入长期的经济萧条，其产业升级也进入一个平台期。中国在改革开放以后，出现了较高速度的增长，凭借其廉价的劳动力和全套型的产业结构，逐渐融入东亚区域的生产分工当中，受到东亚各个层级经济体的广泛关注。东亚各经济体既希望利用中国低廉的劳动力，又期望进入中国广阔的市场，因而将大量的产业或工序转移到中国。

图2.4清晰地呈现了东亚区域生产网络的状况。

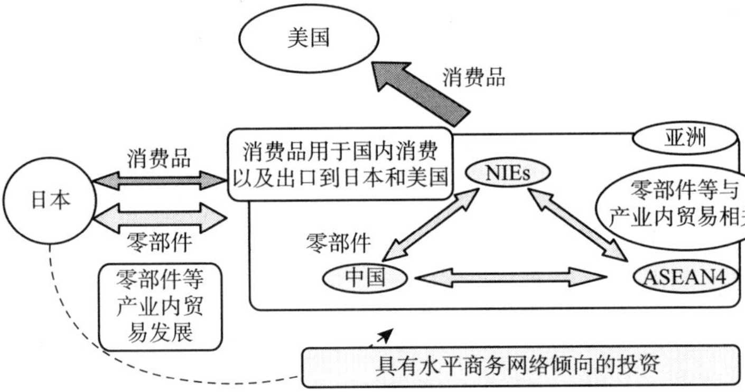

图2.4 亚洲内部国际生产网络

资料来源：METI white paper overview，2006：151. Figune 2. 2. 19。

小　　结

"二战"后，日本在美国的庇佑下迅速地实现了经济恢复和工业起飞，其固有的资源匮乏的发展障碍，使其选择了通过促进东亚其他国家和地区发展为己所用的策略。通过三次"废旧建新"的产业重构，日本实现了国内产业升级，在其推进工业化的过程中，逐步将本国处于比较劣势的产业转移到东亚其他国家和地区。伴随着日本的"废旧建新",NIEs 和 ASEAN4 在日本的示范和推动下,也相继走上了工业化道路,并实现了高速增长。这种由日本到 NIEs 再到 ASEAN4(当然还有日本直接到 ASEAN4),直至 20 世纪 90 年代上述三个层次经济体到中国的层次分明的复合式产业转移,形成了东亚独特的区域分工结构。随着被转移产业性质的变化,东亚区域产业转移从依据比较优势垂直分工为主的"雁行模式"下的产业链整体转移,发展为今天的依据产业链垂直与水平分工并存的东亚区域生产网络下的生产工序或生产环节的转移。

东亚区域产业转移是一种涉及整个东亚区域各个经济体发展的复杂现象。在对东亚区域产业转移历史的回顾中,我们可以清晰地看到东亚各个层次国家和地区发展演进的轨迹、产业升级与合理化的路径以及贸易与投资的发展变化。东亚区域产业转移好似一根线,穿起了东亚经济崛起、变革的方方面面。

由于东亚大规模的生产转移是由日本工业化进展主导的过程,因而,本书主要对日本产业在东亚转移的情况进行了详述,相比之下,对 NIEs、ASEAN4 等经济主体的产业传递的介绍和分析较为简略,这也是笔者以后继续深入研究的领域。

第3章 国际产业转移研究回顾

国际产业转移是反映国际经济格局变动的重要现象之一，但对于这一现象的研究尚未成熟，缺少专门的理论框架和实证工具，甚至连概念的界定、所属研究领域的划分都存在众多分歧。国内对该问题的研究主要集中在动因、趋势、特征、效应以及如何承接国际产业转移的浪潮促进我国的产业发展上。然而，概念不清、理论不明，我们很难全面客观地认识国际产业转移这种现象，也就更谈不上抓住机遇为我所用了。而且，国外并没有太多直接以国际产业转移为对象的研究，而是散见在对其他问题的研究当中。因而，笔者试图对国内外与国际产业转移问题相关的文献进行整理述评，以期更准确、深入地把握该问题。

本章首先回顾了作为 20 世纪下半叶最典型的国际经济现象之一的国际产业转移的四次浪潮，并指出在国际产业转移的大潮中，东亚区域产业转移最为典型。其次，对国内学者关于国际产业转移的研究进行回顾，指出既有研究存在的主要问题。再次，归纳了可与国际产业转移对应的英文说法，探寻国外研究中与国内产业转移、国际产业转移提法相对应的领域；并进一步明确了国际产业转移的概念；通过与其他相似概念进行比较，洞悉国际产业转移的本质；并依据不同的分类标准对产业转移、国际产业转移进行分类。

3.1 国际产业转移的浪潮

学者们一般习惯用"浪潮"（waves）① 来形象地描述产业在国际间一次又一次的转移现象。迄今为止，全球共经历过几次大规模的国际产业转移浪潮，并且是否又掀起了国际产业转移的新浪潮呢？为了解答上述问题，首先需要对国际产业转移的历史加以简要回顾。

国际产业转移是 20 世纪下半叶最典型的国际经济现象之一（卢根鑫，1997）。第二次世界大战后，全球共出现过四次大规模的国际产业转移浪潮，见表 3.1。

在国际产业转移的大潮中，东亚区域是最为典型的代表，也是关注的焦点（见图 3.1）。"二战"后，东亚各经济体凭借本地区独特的"雁行模式"依次实现了经济起飞并实现了整个区域的经济增长，创造了举世瞩目的"东亚奇迹"。然而，"成也萧何，败也萧何"。在亚洲金融危机之后，随着全球以及东亚局势的变化，人们也开始对这种独特的"东亚模式"加以反思。

3.2 国内学者的研究概况及存在的主要问题

国内对国际产业转移现象的研究由来已久，近年来国内对该问题的研究更是日益增多，学术界、企业界和政府都对该问题表现出前所未有的热情（见图 3.2）。②

---

① "industrialization may spread in a series waves from country to country" Diego Puga and Anthony J. Venables, The Spread of Industry: Spatial Agglomeration in Economic Development, Jounal of the Japanese and International Economies, 1996 (10): 441.

② 学术界：在国内，国际经济、国际关系、区域经济、经济地理等众多领域的学者分别从各自不同的角度出发，对国际产业转移问题进行研究。国内学术界的关注程度可见来自中国知网的趋势统计图3.2。相关的研究甚至出现普及化趋势，国际产业的问题被写入了中学地理课本，详见高中地理新课标第三册第二节《产业转移——以东亚为例》。企业界：在国内，对国际产业转移的关注不仅仅来自实体企业，而且来自专门服务机构，比如：上海（国际）产业转移咨询服务中心。政府：国家对国际产业转移问题也十分关注，比如：龙永图在多个会议上就国际产业转移的问题发表过言论。学术界、企业界及政府的广泛关注，反映出国际产业转移问题是一个具有理论价值、实际价值、战略价值的问题。

表 3.1　　　　　　　　　国际产业转移的四次浪潮

	时间	主要内容	结果
国际产业转移第一次浪潮	20世纪50年代	美国在确立了全球经济和产业技术领先地位后，率先进行了产业结构的调整升级；在国内集中力量发展汽车、化工等资本密集型重化工业，把纺织业等传统产业通过直接投资向正处于经济恢复期的日本等国家转移。日本由于整体经济相对落后、劳动力成本相对较低，在承接了美国移出的轻纺工业后，很快成为全球劳动密集型产品的主要供应者，"日本制造"开始畅销全球	借助三次大规模的国际产业转移，世界经济体系中发展水平呈梯次结构的三类经济体相继完成了产业结构的转换升级，这在东亚表现得尤其突出。在东亚，NIEs不仅通过承接国际产业转移实现了经济起飞和繁荣，而且通过转移失去竞争优势的产业，积极主动地完成了比较优势的动态转换，为发展中国家通过国际产业转移、实现产业持续升级换代树立了典范
国际产业转移第二次浪潮	20世纪60~70年代	科技革命推动发达国家加快产业升级的步伐，美、德、日等国集中力量发展钢铁、化工和汽车等资本密集型产业以及电子、航空航天和生物医疗等技术密集型产业，而把劳动密集型产业尤其是轻纺工业大量向外转移。亚洲新兴工业化国家积极把握这一轮产业转移机遇，大力发展出口导向的轻纺工业，其工业化取得了突出的业绩，启动了真正意义上"外围"国家的现代经济增长	
国际产业转移第三次浪潮	20世纪70年代后期	两次石油危机及世界性经济危机的爆发，迫使发达国家努力发展微电子、新能源、新材料等高附加值低能耗的技术密集和知识密集型行业，将"重、厚、长、大"型的钢铁、造船和化工等重化工业以及汽车、家电等部分资本密集型产业进一步向外转移。与此同时，NIEs积极承接从发达国家转移出的资本密集型产业。东盟国家沿着NIEs的发展路径，接过NIEs转移出的劳动密集型产业，将进口替代的轻纺工业纳入出口导向式的发展轨道，创造了良好的出口业绩和经济发展局面	
国际产业转移第四次浪潮	20世纪90年代以后	在极大程度上受到产业模块化发展的影响。所谓"模块化"，就是将产业链中的每一个工序分别按照一定的"模块"进行调整、分割，模块各自独立运行，然后依据统一的规则与标准连接成整体	国际产业转移由此呈现出一系列新的发展趋势：一是国际产业转移进一步加速。二是国际产业转移的产业结构不断升级。三是国际产业转移的链条不断延展

资料来源：根据潘悦（2006）整理。

50年代	美国→日本（资本密集型产业）

⇓

60年代	美国→日本（技术密集型产业） 美国、日本→亚洲"四小"（劳动密集型、部分资本密集型产业）

⇓

70年代	美国⇄日本（技术密集型产业） 美国、日本→亚洲"四小"（资本密集型产业） 美、日、亚洲"四小"→东盟四国（劳动密集型产业）

⇓

80年代 中后期	美国⇄日本（创造性、知识技术密集型产业） 美国、日本→亚洲"四小"（标准化资本、技术密集型产业） 日、美、亚洲"四小"→东盟四国（劳动密集、部分资本、低技术 密集型产业）

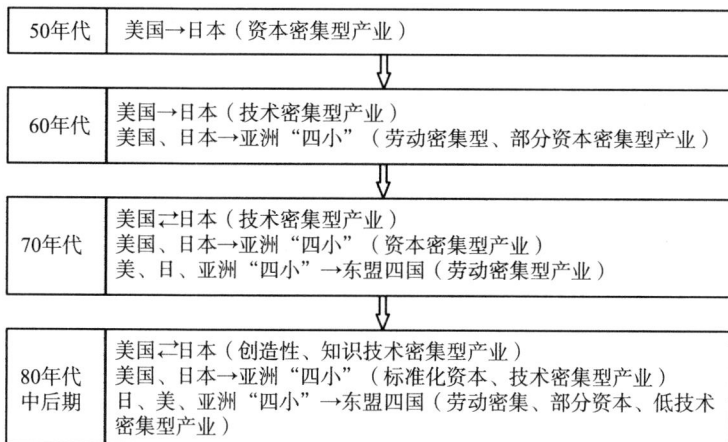

图 3.1 战后国际性产业调整与传递浪潮示意图

资料来源：转引自汪斌（2001）：184。

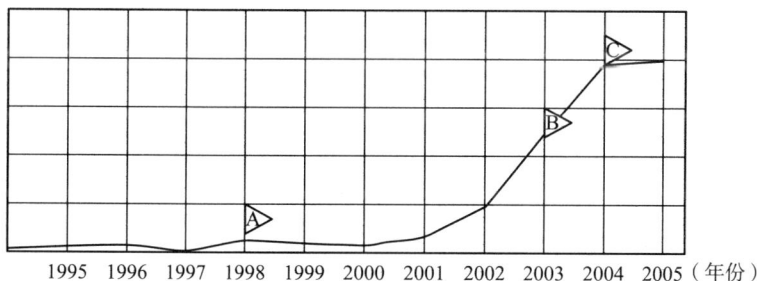

图 3.2 国际产业转移国内学术关注度

资料来源：中国知网的趋势统计。

3.2.1 开创性与系统性研究

国内关于国际产业转移问题，最早、最明确、最成型、最详尽地加以论证的学者，当首推法学博士卢根鑫。卢于 1994 年在上海社会科学院《学术季刊》上发表《试论国际产业转移的经济动因及其效应》一文，此文是其博士论文《国际产业转移论》主要观点的先声。其后，国际产业转移研究在国内急剧升温，研究视野更为开阔，涉及内容更为广泛。迄今为止，国内学者对该问题的相关理论支撑的认知，仍都可以找到卢的相关研究的影子。因而，从这个意义上讲，卢的研究在国内具有开创性。然而，国内学者对卢的相关研究的评价，并不如笔者所言那样高。这主要是由于卢对国际产业转移问题加以解释时，虽自成体系、逻辑也令人信服，并使用了"重合产业"这一创新概念加以说明，但其主要是用马克思的劳动价值理论解释发展中国家与发达国家重合产业技术构成的相似性和价值构成的相异性。这一点在目前中国经济学研究更倾向于西方主流理论与研究方法的环境下，显得"不合时宜"，因而并未得到更多的重视和引用。

卢根鑫（1994）以国际经济关系为研究视角，站在发展中国家立场上，"通过对历史和理论的分析，发现国际产业贸易与国际产业投资所形成的重合产业是国际产业转移的基础条件，而商品技术构成的相似性与价值构成的相异性则是国际产业转移的必要条件；同时还发现，发展中国家经济发展的关键，在于如何消除负面效应和扩大正面效应"。

卢谈到："国际产业转移从外在形式来看，与相关国家相关产业之间的贸易、相关产业之间的投资并无二致"；接着卢又指出："国际产业转移是不同于国际产业贸易与国际产业投资的一种新质的运动过程"。并指出至少在三方面存在不同：第一，国际产业转移往往发生在长期的国际产业贸易和国际产业投资之后，只有在通过这两种形式建立起来重合产业之后才会发生国际产业转移；第二，由上述特征所决定，产业贸易与产业投资所引起的产业成长往往是累积性成长，在这种累积性成长达到一定程度时，即重合产业已经是一种同类产品生产企业的集合时，所发生的产业转移才能引起产业结构的革命性转换；第三，这种革命性的转换不仅发生在发展中国家，而且发生在发达国家，这是因为发达国家将某些传统产业转移出去，意味着一方面本国传统产业出现萎缩；另一方面将资源转移到新兴产业的开发中去，由此形成新的产业，实现产业结构的转换。所以说，国际产业转移是一种新质的经济运动过程。

卢的研究主要是基于发达国家和发展中国家之间，从发展中国家的角度出发探讨接受产业转移可能带来的正负效应，而这种转移必须是梯度的。当然，这就无法解释发达国家之间的产业转移以及逆梯度产业转移的发生。

3.2.2 综述类文献

国内关于国际产业转移的述评，首推浙江大学产业经济研究所所长汪斌与赵张耀 2003 年于《浙江社会科学》上发表的《国际产业转移理论述评》一文。该文作者"就国际产业转移的理论研究，从概念界定、经济动因、客体演化、在当代的新特点和发展趋势、效应、转移模式等六个方面进行回顾和评述，并就该理论研究今后的发展趋势进行展望"。该文中面面俱到的分析，奠定其常被后人引用的基础，而概念、动因、新特点和发展趋势也成为后来者承袭研究的主要方面。①

汪和赵的贡献不只在于面面俱到，还在于与时俱进。2005 年，赵和汪在《中国工业经济》上发表《网络型国际产业转移模式研究》一文。此文主要是针对 20 世纪八九十年代国际贸易一体化、投资一体化发展至生产一体化的背景下，国际产业转移的客体（即国际产业转移结构本身）逐步深入至生产工序层面，总结出国际产业转移的一种新模式即网络型国际产业转移模式。

在产品价值链可拆分的情况下，出现了工序型国际产业转移，这与传统的完整价值链转移条件下产业、行业、产品间垂直型和水平型的转移模式大为不同，与传统的"雁行模式"相对比，赵和汪将此种模式形象描述为"龙型模式"。

---

① 与汪和赵的述评体系近似的是李锋于 2004 年在《经济纵横》上发表的《国内外关于产业区域转移问题研究观点述评》。

赵和汪的研究与卢相比，写于近 10 年以后，针对国际形势的新发展对国际产业转移问题有了更为深入的认识，并且跟进了问题的发展变化。如果说卢的研究具有开创性和系统性，那汪和赵的研究是全面的、发展的。

汪和赵的研究也是连续的，他们 2003 年的理论述评归纳了国际产业转移的新特点和趋势，他们 2005 年的文章就是针对工序型国际产业转移在当代的发展，提出一种新型的国际产业转移模式——网络型国际产业转移模式。两文一脉相承，后文是在前文基础上对问题变化的深入探讨，体现出作者的研究由面到点，由泛化到深化逐步演进。

汪和赵前后两文的概念界定也不完全一致。例如，对产业转移客体的界定，前文定义为"产业本身"，后文定义为"国际产业转移结构本身"。概念界定的变化也反映出他们对问题本质认识的深化。

另一篇关于国际产业转移的综述是中山大学李松志博士和刘叶飙发表于《经济问题探索》2007 年第 2 期的文章《国外产业转移研究的综述》。该文作者从自己的研究领域出发，从区域经济学和经济地理学的研究中增补了一些关于产业转移问题的理论及实证研究成果，这也是该文最大的贡献。但作者对"国内产业转移"和"国际产业转移"之间的差别并不敏感，得出"产业转移的理论构建主要从国家层面研究较多，对一国之内的区域层次产业转移研究比较少"的结论。因而文章虽以"产业转移"为题，但绝大部分综述的还是国际产业转移相关的研究。

3.2.3　被引用次数较多的文献

根据中国知网的相关统计，关于"国际产业转移"，国内引用最多的是原小能 2004 年发表于《上海经济研究》上的《国际产业转移规律和趋势分析》一文，位列第二的是刘辉煌、杨胜刚、张亚斌、熊正德于 1999 年在《求索》上发表的《国际产业转移的新趋向与中国产业结构的调整》一文。

原文分析了国际产业转移的动因，认为国际产业转移是各国产业结构升级和开放经济的结果；以国际直接投资的相关理论为基础，结合国际产业转移的实践，总结出国际产业转移的一般规律；再分析20世纪90年代以来，全球化的推进和知识经济的兴起，改变了国际产业转移的背景和条件，使其呈现出一些新的特点。

刘的论文分析了世纪之交，国际产业转移的若干新趋势，虽然仅用海外投资规模的扩大来说明国际产业转移规模扩大比较武断，但其强调结构升级的因素，看到国际产业转移区域内部化的变化，并且列举了更为多样化的国际产业转移方式，认识到跨国公司成为国际产业转移的主体，并针对上述的新趋势，提出中国产业结构调整的相关政策。

以"产业转移"为题目检索后，被引用最多的文章是陈建军于2002年发表的两篇论文：一篇是发表于《管理世界》2002年第6期的《中国现阶段产业区域转移的实证研究——结合浙江105家企业的问卷调查报告的分析》，另一篇是发表于《中国工业经济》2002年第8期《中国现阶段的产业区域转移及其动力机制》。同年，陈还出版了《产业区域转移与东扩西进战略——理论和实证分析》一书。

陈是国内较早运用问卷调查的方法对国内产业区域转移问题进行实证研究的学者。他注意到了产业转移有国家层面和区域层面，并提及国家层面的产业转移以东亚为典型，区域层面的产业转移在美国曾发生。陈归纳了国际产业转移的理论，并认为学者们没有太关注国内产业转移问题。他以浙江为对象进行了实证分析，可谓国内关于中国国内产业转移实证分析之先行者。

3.2.4 其他相关研究

1. 两本同名的书

2006年，中国社会科学院工业经济研究所所长吕政主编了《国际产业转移与中国制造业发展》一书。无独有偶，中央财经大学戴宏伟教授也于同年出版了一本同名著作。前者为中国社会科学院 A 类重大课题，后者是教育部社会科学规划基金项目成果、北京市教育委员会共建项目建设计划资助。均为课题项目、同名而异出的两本书接踵问世，既反映出该研究视角受到国内不同学者的青睐，也反映出国家对该问题的重视。

2. 国内博士和硕士论文相关研究

国际产业转移问题也是国内博士和硕士研究的一个热点，产业经济、世界经济、国际贸易、技术经济、区域经济等众多学科的研究生都从各自的研究视角出发，对这个问题展开研究。比较值得一提的，是 2006 年 4 月完成的三篇学位论文。南昌大学张孝锋的博士论文《产业转移的理论与实证研究》，在第五章介绍了国际产业转移趋势与中国制造业的发展，其中在第二节以日本对中国的 FDI 为例分析了东亚地区的产业转移。华东师范大学韩友德的博士论文《20 世纪 90 年代东亚地区的生产分工与贸易结构研究——以中国、日本、韩国为主分析》，对于理解东亚区域产业转移问题也大有帮助。福州大学硕士刘莹的硕士论文《东亚一体化进程中的产业转移特点研究》，从区域一体化的角度分析了东亚区域产业转移的相关特点。

国内学术界对于国际产业转移的研究成果还有很多，上文只是提纲挈领地予以总结，从中大致可以看出，国内对该问题的研究主要集中在动因、趋势、特征、效应，以及如何承接国际产业转移的浪潮促进我国或我国某一省份或地区的产业发展上。虽然，国际产业转移的研究近些年来呈升温趋势，但事实上国际产业转移在中国仍然是一个尴尬的研究领域，原因如下：

（1）国内文献汗牛充栋与国外直接论述凤毛麟角的鲜明对比。

（2）国内文献该专有名词的英文翻译五花八门与国外文献中很难找到相应对照提法的矛盾。

（3）问题本身纷繁芜杂，涉及多个学科和领域，从而决定对该问题的认知需要漫长的过程，这对研究者的知识水平和耐心都构成了极大挑战。

尽管处境尴尬，但国际产业转移问题研究的理论和现实意义十分明显。既然国际学术界尚无系统成型的国际产业转移专门理论，那么对国内外学者现有的相关研究加以梳理，洞悉本质，廓清脉络，查找不足，进而构建一个关于国际产业转移问题的相对清晰的研究框架，就成为本书的一个重要目标。

3.3 国际产业转移的本质

由前述可知，国际产业转移这种现象由来已久，而且是世界经济中确实存在的一个重要问题。那么，为什么在西方主流的经济学文献中罕见国际产业转移这种提法？这并不是因为西方学者没有察觉到这种现象的存在，而是与主流经济学的研究方法和前提假设有关。

3.3.1 可与国际产业转移对应的英文说法

在英文文献中，产业转移或国际产业转移并没有类似 FDI 这样固定的专门词汇。国内学者给出的英文译法，可谓五花八门。① 归纳起来，主要有："industry migration"、"industry transfer/transferring"、"industrial transfer/transferring"、"industry shift"，等等。为什么会出现这样那样的译法？在英文文献中，究竟用怎样的词汇来

---

① 笔者利用中国知网（CNKI）的"翻译助手"搜索到中文期刊论文的英文摘要中中国学者使用"产业转移"或"国际产业转移"一词的文章16篇，除一篇地理学的文章外，其余15篇中将其翻译情况如下：（1）industry transfer（赵张耀、汪斌，2005；陈刚、张解放，2001；王兴中，2006），（2）transferring international industry（杨公齐，2005），（3）international industrial transfer（刘菁、任曙明，2005），（4）international industries transfer（原小能，2004），（5）industrial transference（潘伟志，2003），（6）industry shift（李丹阳、韩增林，2005），（7）international transfer of industries（杨丹辉，2006），（8）international industrial shift（王溶花、陈玮玲，2006），（9）industrial transition（苏华，2001），（10）industry transferring（刘曙光、杨华，2005），（11）industry migration（卢根鑫，1997；国家统计局国际统计信息中心课题组，2004；林亮，2004）。

描述这种现象？深究这个看似简单的小问题，既有利于开阔研究视野，更有利于了解问题的本质。

"industry migration" 或 "industrial migration" 这种译法在国内使用得较早，而且英文文献中的确有此种表达法。发生在一国之内的产业转移，以"二战"后的美国为最典型。西方学者纷纷从区域经济学或区位论的角度，对美国国内的地区间产业转移现象加以研究。这些研究多是经验性证明，主要落脚于寻找产业转移的决定因素以及衡量各种决定因素的影响程度上。在西方学者对美国国内产业转移进行研究的文献中，使用过 "industrial migration" 和 "industry migration" 两种提法来描述这种现象（John D. Garwood，1953；Robert J. Newman，1983）。但由于英文中 "migration" 一词也有"移民"之义，在多数场合这两种提法表示的是"工业移民"的意思。

"technology transfer" 和 "technology difussion" 是"技术转移"和"技术扩散"的英文通行说法，于是国内学者对于产业转移，仿效译为："industry transfer" 或 "industry difussion"，至于 "industry transferring" 和 "industrial transfer" 只不过是不同词性的变形。

"industry shift" 这种翻译，很大程度上是受到日文文献中用法的影响。在日文的文献中产业转移一般写作"産業シフト"，其中"シフト"就是英文单词 "shift"。

上述仅是国内常见的译法，下面汇总一下外国学者的英文文献出现过的相关提法。

"transplant industry" 直译为"移植产业"，在日本学者赤松要为人熟知的关于"雁行模式"（the wild-geese-flying pattern）的著名英文论文中使用了 "transplanting industries"，用来形象描述西欧的资本主义在殖民地获取更大利益的方式（Akamatsu Kaname，1962）。

此外，"spread of industry"、"firms start to move away"、"industry expands"、"industry spills over"、"dispersion of industry"、"spreading

industrialization"、"relocation of production"（Puga and Venables,
1996）,"spread of industy"（Masahisa Fujita, Paul Krugman and An-
thony J. Venables, 1999）,"shifts in industrial location of ecnomic activi-
ty"、"movements in industry location"（Robert J. Newman, 1983）,
"firm migration" Pellenbarg, 1985）,"firm relocation"（Pellenbarg et
al., 2002）,"the diffusion of manufacturing"（Mitchell Bernard and
John Ravenhill, 1995）、"enterprise relocation"、"industry relocation"、
"changes in the location of manufacturing"、"transplant abroad"、
"transfer of industrial activities"、"industrial transfers"、"industrial
relacation"（Ozawa, 1991）,"relocating abroad"、"international relo-
cation of industries"、"difussion of manufacturing"、"relocations of pro-
ductive activities"（Shigehisa Kasahara, 2004）,"transplanting industri-
al clusters"、"industry transplantation"、"transplantations of the indus-
trial clusters"、"industry and cluster transplantation"、"industry recy-
cling and cluster transmigration"、"outflows of production to overseas"
（Ozawa, 2003）,以及"international location shifts"（Vernon, 1966）
等等，都是与产业转移或国际产业转移现象相关的表述。

从上面对产业转移对应的译法的探究，可以得到几个启示：

第一，外国学者对这种现象并无统一的专门术语表述，但产业
扩散、工业化扩散、生产重新定位、企业再定位等说法描述的基本
就是我国国内研究的产业转移现象。

第二，外国学者的相关研究既有微观视角，也有中观和宏观视
角；主要集中在区域经济学，特别是新兴的空间经济学领域。

第三，很多著名的外国学者洞察到这种现象，并从各自不同的
角度加以分析，尚无成型的研究体系。

当然，字面表述仅仅是一个标签，真正重要的还是国际产业转
移的本质及其所涵盖的领域。

3.3.2 国际产业转移的概念

"产业转移"这个概念，曾被用于描述一国内部某些工业从一个地区转移到另一个地区的过程。"国际产业转移"这个概念，虽然在某些经济文献中出现过，但经济学家似乎并未给予明确的界定，更没有系统分析过这一概念所描述的那些重要的经济现象，以及这些现象背后所掩藏的国际经济关系（卢根鑫，1997）。

一般意义上，我们认为一个产业由 A 地转移到 B 地就是产业转移；但有时，某一个企业由一个产业 A 转到另一个产业 B，也被称为产业转移（何旭强、高道德，2001）。二者虽然同样表现为投资流向的变化，但区别也是很明显的，前者强调的是空间区位的变化，后者强调的是客体对象的变化。但多数情况下，人们所说的产业转移指的是第一类现象。

很显然，产业转移一旦跨越了国界，就是国际产业转移。国际产业转移很早就引起学术界的关注，但在对其概念的界定上，迄今尚无统一的定义。目前比较认同的是：国际产业转移是指产业由某些国家或地区转移到另一些国家或地区，是一种产业在空间上移动的现象（汪斌、赵张耀，2003）。本书的分析采用这个概念。

国内产业转移和国际产业转移从表面上看可能只有空间移动距离的差异，但事实上一旦跨越国界，问题顿时变得复杂，需要考虑的影响因素陡然增多。正如 Krugman（1991）所说：国家之所以重要——从建模的意义上来讲，它们是存在的——是因为国家有政府，政府的政策会影响到产品和要素的流动。特别是，国界通常会阻碍贸易和要素流动。当代的所有国家都限制劳动流动。许多国家还限制资本流动，或者至少威胁要这样做。尽管贸易谈判者竭尽全力，但对贸易事实的或潜在的限制无处不在。

3.3.3 国际产业转移的内涵与外延

国际产业转移的概念看似简单，但事实上是模糊的，可以有多种理解。比如：国际产业转移中的产业该如何定义；产业由 A 国（地区）转移到 B 国（地区）是否意味着该产业在 A 国（地区）的消失；产业由 A 国（地区）转移到 B 国（地区）是由于 A 国（地区）的离散力还是 B 国（地区）的吸引力；等等。因而对国际产业转移问题的探讨，不能只停留在表面现象上，必须对其本质加以深入探讨。

1. 国际产业转移过程

在世界经济中存在着不同经济发展阶段的国家（地区）：发达国家（advanced）、次发达国家（less advanced）、新兴工业化国家（new industrialized）以及发展中国家（developing/less developed）。新产品的开发一般从发达国家开始，开发之初是为了满足国内市场的需求，随着技术周期的变化，产品也经历从新产品、成熟、标准化到衰退的周期变化。发达国家首先开始工业化，随着工业化进程的推进，产业结构也不断优化升级。伴随发达国家的产业不断升级，产品逐渐升级换代。当产品进入衰退期，一些企业开始向国外投资设厂，将边际产业转移到国外；也有些企业通过出售二手机器设备的方式，实现最后一次产业增值。而上述过程又可能会在转入国复制，并继续传递下去。国际产业转移无疑要在一定的国际形势背景下发生，而随着国际形势的变化，国际产业转移的形式和动因等也随之变化。

当然，这是个相当简略的故事，并不足以反映国际产业转移这一复杂现象的全貌。但从这个简单的故事中，我们可以归纳出国际产业转移所涉及的几个主要层面，即产品、企业、产业、国家、区域/国际；发现了国际产业转移依赖的主要渠道，即国际贸易、国际直接投资、国际生产、国际技术转移等；认识到国际产业转移的核心动力，即技术的变革。

2. 与相关概念的区别

从上面的故事中，我们可以看出：国际产业转移与国际贸易、国际投资、国际生产、企业迁移、国际技术转移等现象交织在一起，既有区别又有联系，当然这几种现象之间也存在一定的联系。下面，将国际产业转移与这些相关概念加以区别。

（1）国际产业转移与国际贸易、国际投资。

国际投资、国际贸易、国际产业转移都表现为一定形式的国际流动，国际投资（国际资本转移）表现为资本（要素）的国际流动，国际贸易（国际商品转移）表现为商品（有形的或无形的）的国际流动，而国际产业转移则可能依托上述两个渠道，最终表现为产业的国际移动。

正如卢根鑫（1997）所说：国际产业转移是一个包含着国际产业贸易与国际产业投资的综合过程，国际产业贸易即发达国家与发展中国家处于不同产业等级的产品贸易，国际产业投资即发达国家对发展中国家的投资。①

由此可见，国际投资和国际贸易是国际产业转移的两个重要渠道，因而也是国际产业转移实证研究的两个主要考察点，但二者并不必然导致国际产业转移。

（2）国际产业转移与国际/跨境生产。

国际产业转移在空间上表现为生产区位的国际变动，国际/跨境生产（international/cross-border production）表现为生产的全球布局。跨国公司是国际/跨境生产的主体，随着跨国公司的发展，国际生产体系出现一体化趋势。跨国公司的全球布局，成为国际产业转移的主要推动力量。② 因而国际产业转移与国际/跨境生产确实存在着一定的交叉，都表现为在新的国际区域开展生产活动，但一个强调的是动态变化，一个强调的是静态结果。

（3）国际产业转移与企业国际迁移。

企业迁移（firm relocation）是企业区位调整的一种特殊形式，

---

① 产业贸易和产业投资是卢根鑫提出的特定概念，卢的研究以发展中国家为出发点，因而着重强调了发达国家和发展中国家之间的差别或梯度的存在。尽管国际产业转移的新发展可能淡化了这种梯度，但笔者认为产业贸易和产业投资的提法还是具有一定说服力的。

② 杨正位. 国际产业转移与我国的对策 [J]. 求是，2005（3）.

它是改变企业在市场中的位置、消费者偏好、环境规则、技术进步的可行途径（Pellenbarg et al.，2002），是企业的价值链活动在空间上的变化（白玫，2003）。目前学术界对企业迁移的界定还没有取得一致看法，一般认为它至少包括两种主要形式：一种是完全迁移（complete relocation），即企业把整个生产设施从一个地方搬迁到另一个地方；另一种是部分迁移（branch movement），即企业将部分活动迁出，在新的地方建立新的分支机构（Ortona and Santagata，1983）。也有的学者将转包合同看成是企业迁移的主要形式，但没有得到广泛的认同。企业迁移是企业经营活动区位再选择的过程，在区域经济学中，有人称之为"再区位"（relocation）①。

　　由企业迁移的定义可见，企业国际迁移其实是国际产业转移的微观层面的体现，但二者在转移动机和研究视角上存在明显不同。企业迁移主要是基于企业这一微观层面的研究，主要考察的是经济方面的影响因素；而国际产业转移更为复杂，涉及微观、中观、宏观三个层面，而且往往会涉及非经济的影响因素，比如：政治因素、环境因素等。

　　（4）国际产业转移与国际技术扩散/转移②。

　　所谓国际技术扩散，就是一国的开发能力通过消费和生产使用的各种方式为另一国使用、吸收、复制和改进的过程。这绝不是简单的翻版，而是需根据当地特定的社会、政治、技术、气候、经济、教育等条件进行相应的改造，从而适应这些外在的环境。ESCAP/UNCTC（1984）的技术扩散概念是商业化资产/非商业化资产的转移。③

---

　　① 白玫．企业迁移的三个流派及其发展 [J]．经济学动态，2005（8）.
　　② 传统意义上的"技术转移"（Technology Transfer）概念主要指一种有目的的主观性经济行为，与技术扩散（Technology Diffusion）概念既有区别，又有联系。这里讲的技术扩散既包括有意识的技术转移，也包括无意识的技术传播。
　　③ 李平．技术扩散理论及实证研究 [M]．太原：山西出版社，1999：6 - 7.

　　国际产业转移是国际技术转移的产业层面的表现①，但国际产业转移并不一定伴随着技术转移。比如，跨国企业以内部化方式进行投资，实际上是生产转移，而不是技术转移。内部转移的技术知识完全被母国厂商掌控，东道国很难获得技术。

　　(5) 国际产业转移与产业集聚、产业集群。

　　产业转移既是一种经济现象，也是一种空间现象 (娄晓黎，2004)，而国际产业转移与产业集聚中心的国际转移也存在着一定的关联。集聚 (agglomeration) 是一种比较典型的空间现象。早在一个世纪前，韦伯在《工业区位论》中寻找工业区位移动规律的纯理论时就开始使用"集聚"这个概念，主要是讲产业的空间集聚。产业集聚主要是研究产业的空间分布形态，特别注重产业从分散到集中的空间转变过程。产业集群 (industry cluster) 与产业集聚 (industry agglomeration) 关系密切，但是两者又有区别。产业集群是指某一特定产业 (相同产业或关联性很强的产业) 的企业根据纵向专业化分工以及横向竞争和合作关系，大量集聚于某一特定地区而形成具有聚集经济性的空间产业组织。② 产业的空间集聚可以形成产业集群，但是并不是所有的产业集聚都可以形成产业集群。虽然有的产业集聚在一起，但是相互之间没有联系，就不能形成产业集群。因此产业集聚只是产业集群形成的一个必须条件，而非全部条件。

　　韦伯 (1909) 认为：从原则上说，理论没有必要把集聚和扩散划分为两组因素，而只是作为称为集聚的一组因素。所有扩散因素其真实性质只是集聚产生的相反倾向而已。如果我们把国际产业转移定义为产业在空间上的扩散，那么国际产业转移可以视为产业集聚的反面，或称为产业集聚中心的国际转移。而如果国际产业转移

---

　　① 伍华佳，苏东水. 开放经济条件下中国产业结构的演化研究 [M]. 上海：上海财经大学出版社，2007：317，原文如下：国际技术转移是国际产业分工格局演变的物质基础，其在产业层面的表现就是国际产业转移。

　　② 王步芳. 企业群居之谜：集群经济学研究 [M]. 上海：上海三联书店，2007：1.

中某一产业的转移也带动了相关产业的共同转移，那么也正是产业集群的国际移动。

从上述对国际产业转移的定义以及与相关概念的比较中，我们发现：国际产业转移是一种具有时间和空间双重维度的经济现象，是一种新质的经济运动过程，其在时间上表现为历时与共时兼容（卢根鑫，1997），其在空间上表现为生产区位的跨国界变动，是产业扩散的动态过程，而这一运动过程与技术创新密切相关。

本书在论述中，沿用国内通用的"产业转移"的中文表述，但在对应的英文翻译中倾向于空间经济学中的"产业扩散"这种提法，将其译为：the spread of industry。

3.3.4 国际产业转移的分类

在介绍国际产业转移的分类之前，我们首先对更为一般的产业转移进行分类。了解产业转移的分类，有助于我们从不同角度认识更为复杂的国际产业转移现象。

1. 按照产业链转移的程度划分

前面的论述中曾经提出过这样的疑问：产业转移是否意味着产业从原来区位的消失？这就涉及产业链转移程度的问题。按照产业链转移的程度，产业转移可以分为全部转移和部分转移，即产业整体转移和产业局部转移。产业整体转移是指整个产业价值链的搬迁，产业局部转移是指将产业价值链的某些环节（如工序、模块、网络等）转移。

2. 按照产业转移的动机划分

产业转移按照动机不同，分为扩张性产业转移和撤退性产业转移。扩张性产业转移是指产业在原区域仍属于成长性产业，主要出于占领外部市场、扩大产业规模的动机而进行的战略性转移。撤退性产业转移是指某区域的衰退性产业或边际产业，主要出于外部竞争和内部调整压力而进行的战略性转移。撤退性产业转移也是边际产业的转移。撤退性产业转移是区域间产业竞争优势消长转换导致的产业区位重新选择的结果，是产业生命周期过程在空间上的表现形式，即产业演变的空间形态①。

3. 按照被转移产业的要素密集度划分

按照产业分类的不同标准，产业转移可以相应的划分为劳动密集型产业转移、资本密集型产业转移和知识密集型产业转移。

4. 按照产业转移的范围划分

产业转移按照转移范围的大小，可以分为国内产业转移、国际区域产业转移和国际产业转移。国内产业转移是发生在一个国家内部各个地区之间的产业转移，一国之内的产业转移往往和一国的产业规划布局密切相关，政策导向性比较明显。国际区域产业转移是发生在国际特定区域内各经济体之间的产业转移，最典型的当属东亚区域产业转移，国际区域产业转移与该区域的分工及发展模式关系密切。国际产业转移是存在于国家之间的产业转移，转移的范围最大。

下面，对国际产业转移进行分类。

第一，按照产业转移带来的国际贸易变化划分。

国际产业转移会带来转入国和转出国贸易的相应变化，即顺贸易的国际产业转移、逆贸易的国际产业转移、贸易摩擦型国际产业转移。

第二，按照国际产业转移的客体划分。

按照国际产业转移客体划分，可分为传统的国际产业转移模式主要有垂直顺梯度、水平型和新兴的网络型国际产业转移。垂直顺梯度型国际产业转移发生于要素禀赋差异较大的国家间，主要表现为发达国家和发展中国家在垂直型产业间、垂直型产业内（包括垂直型行业间和垂直型产品间）的国际转移。网络型国际产业转移表现为跨国公司将产品的研发、销售、核心部件生产等工序安排在发达国家，而将产品的主要零部件制造工序转移至应用技术方面存在竞争优势的新兴工业化国家，辅助零配件制造、组装等工序则转移

---

① 陈刚、陈红儿. 区际产业转移探微［J］. 贵州社会科学，2001（4）.

至非熟练劳动力上具有竞争优势的发展中国家（赵张耀、汪斌，2005）。

小　　结

国际产业转移是 20 世纪下半叶最典型的国际经济现象之一。"二战"后，全球共出现过四次大规模的国际产业转移浪潮。其中东亚区域是最为典型的代表，也是关注的焦点。

国内对国际产业转移现象的研究由来已久，近年来国内对该问题的研究更是日益增多，学术界、企业界和政府都对该问题表现出前所未有的热情。虽然，国际产业转移的研究近些年来呈升温趋势，但事实上国际产业转移在中国仍然是一个尴尬的研究领域，原因如下：

（1）国内文献汗牛充栋与国外直接论述凤毛麟角的鲜明对比。

（2）国内文献该专有名词的英文翻译五花八门与国外文献中很难找到相应对照用法的矛盾。

（3）问题本身纷繁芜杂，涉及多个学科和领域，从而决定对该问题的认知需要漫长的过程，这对研究者的知识水平和耐心都构成了极大挑战。

上述矛盾极大地激发了笔者的研究兴趣，在本章中，笔者通过对国际产业转移浪潮这一世界经济发展中出现的重要现象的研究，概括出国际产业转移的基本概念；通过将国际产业转移与其他相似概念进行比较，进一步明晰国际产业转移的研究范畴；对国际产业转移的研究现状进行评述，进而抽象出国际产业转移的本质；依据不同标准对国际产业转移进行分类，从而更为全面地总结出国际产业转移的特点。

笔者认为，国际产业转移是一种具有时间和空间双重维度的经济现象，是一种新质的经济运动过程，其在时间上表现为历时与共时兼容，其在空间上表现为生产区位的跨国界变动，是产业扩散的动态过程，而这一运动过程与技术创新密切相关。

本书在论述中，沿用国内通用的"产业转移"的中文表述，但在对应的英文翻译中倾向于空间经济学中的"产业扩散"这种提法，将其译为：the spread of industry。

第4章 国际产业转移研究框架

4.1 新古典经济学的盲点和新理论的新见解[①]

4.1.1 新古典经济学的盲点

前面提到,国际产业转移是一个尴尬的研究领域,但从对国际产业转移浪潮的回顾来看,它的确又是一种确实存在的重要现象。那么,为什么西方学者对于这种现象没有系统的研究呢?

这要从新古典经济学的研究传统说起。尽管新古典经济学在静态分析方面极其有用,但它没有为分析和理解经济变化及全球经济的动因提供适当的概念框架。例如,它无法解释对于理解长期经济动因至关重要的偏好和技术变化等外在因素,而且正如保罗·克鲁格曼所见,新古典经济学处理经济事务的方法缺乏时间和空间的范畴,把经济活动设想在没有历史和地理的抽象宇宙中发生[②],导致它不能恰当地分析一国的历史发展或地理结构。尤其重要的是,尽管大家都认为经济学指出了技术进步对经济变化和长期增长的意义,可是新古典经济学没有充分关注技术变化的根源。新古典经济学还忽视了经济和其他制度的重要性。[③] 虽然经济学家承认所有国

---

① 本部分主要来源于当代西方著名的国际关系政治经济学权威罗伯特·吉尔平 (2001) 研究国际政治经济学代表作《全球政治经济学:解读国际政治秩序》第五章中的相关论述。

② Paul R. Krugman. Geography and Trade. Cambidge: MIT Press, 1991.

③ Richard R. N. (1984).

家都应制定规则来管理经济活动，为私人企业提供良好的环境，并帮助克服市场的失误，但经济分析却不大承认政府和其他制度的作用。

新古典经济学没有为理解国内和国外经济活动的地理分布、贸易模式的演变或经济的空间拓展作出更多贡献。尽管新古典经济学家认为，只要每个国家的经济按照比较优势规律办事，经济活动的地理分布就几乎不会受影响。可是哪个国家生产什么——马铃薯片还是电脑芯片，这个问题对企业、国家和世界各地区却是极其重要的。国际分工的地理分布以及一段时期内经济活动空间组织的变化方式是世界经济中极具争议的问题。

而且，主流经济学家未能充分关注技术革新也是一个特别显著的不足。在新古典经济学的传统研究中，存在着几个弱点：①由于这些经济学家把技术进步看作是经济体系的外生变量，所以从未对它作出全面的阐述；②由于他们认为技术是人人都可能获得的公共物品，所以没有充分看到技术垄断对经济活动的重大影响；③由于生产功能的理论假定经济行为者完全或部分地了解现有的技术，并且能够获得这些技术，所以经济学家常常未能把不确定性写进他们的著作中。在现实生活中，各国经济增长率、各国竞争力和国际贸易模式差异的主要决定因素，是各国在技术革新和应用方面的差异，而不是技术成为所有经济行为者都可以获得的公共物品。虽然新古典经济学正努力对技术采取比较现实的观点，但是这种努力还是很不够。

由于新古典经济学在阐释经济时不考虑历史和地理，所以要从时空方面理解经济的运作，其作用有限。而且，经济学倾向于沿着一条尽量不抵制数学的方向发展，喜欢用已知的如何将其模型化的力量来解释这个世界，而不用未知的如何将其模型化的力量。因而对于那些在现有研究框架下无法用已知的如何将其模型化的力量来解释问题，经济学家们就将它们抛在脑后了（克鲁格曼，1991）。

从前面对国际产业转移问题本质的探讨中，我们知道国际产业转移是一种具有时间和空间双重维度，并且与技术革新密切相关的产业跨越国界扩散的动态过程。所以，主流经济学对国际产业转移这样一个既涉及历史又涉及地理，还涉及国家、制度和技术变革的问题没有表现出太高的热情。

4.1.2 新理论的新见解

近年来，不少经济学家在理论研究上开拓了新的空间，相对弥补了新古典经济学的上述不足。20世纪70年代末以来，产业组织的研究出现了巨大进展。产业组织研究强调规模经济和不完全竞争在产业部门的组织中和整个经济中的重要性，并对所有经济过程都以固定收益和完全竞争为特征这个假设提出了质疑。产业组织研究领域的新成果促进了新增长理论、新经济地理学和新贸易理论这些新理论的诞生。尽管这些新理论仍然极具争议，但它们对新古典经济学的完全竞争、规模收益不变和完全信息等基本观点提出了挑战。新的经济理论强调寡头垄断竞争、规模经济和技术革新的重要性，还把历史过程、制度和空间关系结合进来考虑。这有助于我们理解世界经济在全球财富和权利分配中不连续、不均衡以及随着时间的推移发生深刻变化等特征。新理论所描述的世界，离散趋势与汇聚趋势同时并存，在这个世界中，各国政府能够切实在经济事务中发挥关键性作用，而且技术革新成为主要的特征。当然新理论没有取代传统的新古典经济学，但是它们的确对新古典经济学的许多观点和政策建议提出质疑，在有些问题上已使新古典经济学修改了其原理。新理论强调历史、地理和社会政治制度在经济事务中的重要性，补充了以国家为中心的政治经济学研究的观点和分析方法。当然，新理论也有局限性，它没有向我们提供对经济变化的全面认识。

正如保罗·克鲁格曼所述，新的贸易理论、增长理论和其他经济理论对国际经济的分析和运作有着深刻的影响。它们提供了与20

世纪 80 年代以前大多数理论完全不同的"世界性经济学观点",包括规模收益递增、不完全竞争和多种均衡,以及历史、偶然事件和自我实现的预言(self-fullfilling prophecy)所起的重要作用。在这种新的和仍然众说纷纭的经济理论中,存在着影响国际经济学的个人武断和偶然因素。

总体来说,新理论把时空观引入经济分析中,把技术革新放在分析的中心,并把经济中的杰出作用归功于国家政府和公司这样的制度形式。"新的内生增长理论"、"新的经济地理学"和"新的战略贸易理论"为国际产业转移问题的研究提供了新的视角和有效的工具。

4.2 理论分析的展开思路

从国际产业转移的浪潮来看,国际产业转移与一国国内的技术革新、产业结构升级密不可分。按国际产业转移的发生过程,考察其涉及的产品、企业、产业、国家和国际形势等层面可以发现:产品的生命周期变化、企业的技术进步以及战略变化、产业结构升级与高度化、国家的工业化进程及对外贸易战略、经济全球化及区域经济一体化等国际形势的变化,都是国际产业转移的可能动因。而国际产业转移又依赖于国际贸易、国际投资、国际生产和国际技术转移等几个渠道,因而对国际产业转移这种复杂现象的分析,必定是跨学科的(interdisciplinary),国际贸易理论、国际投资理论、国际商务理论、区域经济学、发展经济学、产业经济学、国际政治经济学以及新增长理论、新经济地理理论、新贸易理论等都为国际产业转移的分析提供了重要工具。

4.2.1 两种现象和三种力量

在对国际产业转移这一动态过程的理论研究中,动机的探讨或者决定因素的发掘是一个重点,在这方面研究中有两种现象和三种力量非常值得注意。这两种现象是:"优序"(pecking order)① 和 "周期"(cycle),即在国际产业转移所涉及的层面和所依赖的渠道中"优序"和"周期"的普遍存在;产品之间、企业之间、产业之间、国家之间和技术之间都有先进与落后之分,而且产品、企业、产业、技术、贸易、投资等都存在着一定的周期变化(见表4.1)。因而国际产业转移的产生、发展、变化必然与这些"优序"和"周期"密切相关。而作为一种空间的现象,影响国际产业转移的因素中,无论是经济的还是非经济的因素,无外乎有推力、拉力、阻力三种力量。

表 4.1 　　　　　　　　　国际产业转移层次、渠道、影响

	优序	周期	相关理论	对国际产业转移的影响
产品	从简单到复杂	产品(生命)周期	产品(生命)周期	推力
企业	从简单到复杂	企业(生命)周期	企业迁移	推力
产业	从低级到高级	产业(生命)周期	产业理论、区位理论	推力
国家	从发达到不发达	国家(生命)周期	产业政策、贸易政策	推力、拉力、阻力
国际形势	从封闭到一体化		国际经济理论	推力、拉力、阻力

资料来源:笔者归纳总结。

下面,以技术变革为主线,按照国际产业转移发生的过程,梳理关于国际产业转移为什么发生、怎样发生、有什么效果、又会怎样变化等相关问题。

---

① Pecking Order 直译就是"啄序",是指鸡或其他飞禽之间,多数尊卑等级分明,比较强壮、地位较高的,可以肆无忌惮啄地位较低的,对方不会反抗、报复;引申为"权势等级"。在经济学领域,其更多的翻译为"优序",如 Myers 和 Majuf(1984)提出的优序融资理论(the Pecking Order Theory),即企业项目融资遵循留存收益、负债融资和股权融资的顺序。同样,外国学者很早就发现了产品制造从一国向另一国移动时"优序"的存在。参见 Gary C. Hufbauer. Synthetic Materials and the Theory of International Trade. Cambridge:Harvard University Press,1966。

4.2.2 三个假设前提

在现实世界中，国界的出现将世界划分为拥有不同的要素禀赋、处于不同的发展阶段、可以采取不同政策和制度的主权国家。因而我们对国际产业转移问题进行考察时，需要将这些既成事实作为前提。

前提1：各国要素禀赋的差别——萨缪尔森的"天使"①

这则寓言最初由保罗·萨缪尔森（Paul Samuelson）提出，目的是为了解释赫克歇尔—俄林（Heckscher - Ohlin）模型的实质。萨缪尔森曾假设有一个处于均衡状态的经济，资本和劳动一起自由地工作，生产资本密集型和劳动密集型的产品。但是生产要素越来越傲慢，竟然向上帝挑战，因此，天使下凡来，将它们分配在不同的国家。一个国家的资本只能与该国的劳动一起工作，天使并没有平均分配资本和劳动。这些受到惩罚的生产要素该怎么办呢？

当然，答案是如果天使没有把生产要素分配得太不平均，仍然可能通过贸易"重塑一体化的经济"。资本/劳动比例高的国家可以集中生产并出口资本密集的产品，与另一个国家交换劳动密集的产品，并得到与天使降临前同样的产量和要素回报。产品贸易事实上是一种进行（现在禁止的）生产要素贸易的间接方法。

很明显，我们可以将这则寓言扩展，以包含地方化和比较优势。假设天使降临前，某些产品的生产集中在某些工业区。天使降临后，还可能获得同样的结果：如果没有一个地区使用太多的资本和劳动，每一个工业区仍然可能"位于"其中的一个新国家里，出口其产品，同时购买另外一个国家的工业区生产的产品。

在这个扩展后的寓言里，贸易起源于许多动机。它既是间接地

---

① [美] 保罗·克鲁格曼著．张兆杰译，地理和贸易 [M]．北京：北京大学出版社、中国人民大学出版社，2000：70 - 72．

交易生产要素的一种方式，也是获得地方化经济的一种方式。通常来讲，这对各方都是有益的。如果天使不太恶毒（将世界分成太小的国家，小得无法容纳工业区，或者将世界分成资本和劳动禀赋太不平均的国家，以致无法通过贸易来弥补它们的缺陷），每个人都可以获得他在一体化经济中所能获得的收益。

结论：在各国具有要素禀赋差异，而要素本身不存在差异的条件下，生产的区位并不重要，由于产品贸易可以完全替代要素流动，因而不存在国际产业转移的动力。

我们再继续扩展上面的寓言，让它更贴近我们所熟悉的现实。我们放宽限制，假设只有劳动要素受到了天使的诅咒，而资本可以跨越国界，并且资本是同质性而劳动是异质的。在这种情况下，资本可能从劳动成本高或效率低的国家流向劳动成本低或效率高的国家，从而带来生产区位的变化，国际产业转移发生。

动机：降低劳动成本。资本的国际间流动，加之异质劳动的国际间不可流动性，资本富余国可能通过向劳动成本低或效率高的国家投资，将原来在国内进行的生产转移到国外。

前提2：各国发展阶段存在差别

事实上，各国在发展阶段上存在差别，工业化也有先后之分。有先发展的国家、有后发展的国家，从而产生发达国家、次发达国家、新兴工业化国家和落后国家的差别。在这里，我们承认处于不同发展阶段国家的这种差别，但不探讨这种差别存在的原因，而是将其视为一个"黑箱"，视为历史的偶然选择。发达国家和非发达国家之间存在着广泛的"优序"：技术的"优序"——发达国家一般是新技术的发源地，产品的"优序"——新产品的开发最先都是为了满足本国市场的需求，产业的"优序"——工业区首先在发达国家建立，国际地位的"优序"——发达国家在国际政治经济活动中往往占据主动、甚至处于霸权地位。

前提3：各国政策的不同

国家不但是地理的划分，也是由于政府的存在，不同的国家可以采取不同的国家政策，而且这些政策会随着时间的推移而不断变更。世界经济运作的方式取决于市场和国家政策，特别是强大国家的政策：市场和经济力量单独无法解释全球经济的结构和运作。各国的政治雄心和角逐之间的相互影响，包括它们在合作方面的努力，确立了市场和经济力量在其中运作的政治关系框架。国家，特别是大国，制定了每个企业家和跨国公司必须遵循的规章，这些规章一般反映了占主导地位的国家及其公民的政治利益和经济利益。但是，经济和技术的力量也会影响各国的政策和利益，影响各国政治关系。事实上市场是决定经济和政治事务的一种强大力量。经济学和政治学的关系是互动的（吉尔平，2003）。

因此，本书所说的国家既占有一定空间疆域、又拥有一定的要素禀赋且具有一定自主权力，是异质的空间，而不是同质的点。

4.2.3 科技革命的意义

如前所述，由于本书所研究的国际产业转移主要指制造业的转移，所以下面以国家为空间起点、以工业化兴起为时间起点、以技术变革为主线展开研究。

近代以来，人类社会主要经历了三次科学技术的爆炸式变革，即三次科技革命。

18 世纪 60 年代，第一次科技革命（工业革命或产业革命）首先在英国爆发。这次科技革命，以炼铁和蒸汽动力为基础，从棉纺织业开始，然后促进采矿、冶金、交通运输等行业的技术革新和机器使用，机器大工业代替工场手工业，以机器制造业为基础的工厂体系的兴起，拉开了蒸汽时代的帷幕。18 世纪末，工业革命开始向欧美其他国家和地区扩展。19 世纪 50~80 年代，英、法、美、德、俄等国相继完成了工业革命。在这一阶段，英国在科技上和工业上居领先地位。

19 世纪 70 年代，第二次科技革命（电力革命）爆发。这次科技革命以电力的广泛应用为主要标志，其主要表现为电力的广泛应用、内燃机和新交通工具的创制、新通信手段的发明等。以钢、石油化工产品、电力和内燃机为基础，先是在美国，之后在德国出现。这个阶段的发展随着被称为"福特主义"的装配线和大规模生产的采用达到高潮。大批新兴工业部门出现，从而使主要资本主义国家的工业结构发生变化，重工业逐步超过轻工业成为各国最主要的工业生产部门。产品结构的复杂化、设备的更新、资金的需求等都要求生产规模必须扩大，设备与资金更加集中。在这一阶段，美国、德国超过英国、法国，日本崛起为亚洲强国，而俄国仍远远落后于其他资本主义国家。

20世纪50年代，第三次科技革命（新科技革命）爆发。第三次科技革命出现于第二次世界大战后，以原子能技术、航天技术、电子计算机的应用为代表，还包括人工合成材料、分子生物学和遗传工程等高新技术。这既是由于科学理论出现重大突破，科技的发展具备了一定的物质和技术基础；也是由于社会的需要，特别是"二战"期间以及战后各国对科学技术迫切需要的结果。这次科技革命极大地推动了社会生产力的发展，促进了社会经济结构和社会生活结构的变化，也推动了国际经济格局的调整。

科技革命使掌握了最先进科学知识的国家迅速发展，率先成为工业强国。抢占到工业先机的国家也因此拥有了某种特权，它们从本国利益出发在全球范围内安排生产活动，从而改变了国际分工和全球产业布局。伴随着技术的扩散，许多国家也相继完成工业化，跃身工业化国家行列。随着科技革命浪潮的推进，各国的产业结构也不断升级调整。这一系列动态连锁变化，不但改变着各国间的力量对比，也改变着不同产品的生产区位。

正是在工业化的浪潮中，国际产业转移现象出现。下面，结合工业化的历史从产业角度分析国际产业转移的变化。

工业化历史上最先出现的是轻纺工业部门（主要是英国），工业制成品中出口比重最先下降的也是轻纺工业部门。这类部门先从英国扩散到欧洲、美洲，继而扩散到日本、印度和中国。第二次世界大战后扩散到东亚 NIEs，20 世纪 70 年代后扩散到东南亚国家。由此，工业化史上出现了这样的有趣现象：轻纺业的出口比重从英国到东南亚，相继上升，之后便相继下降。机械和运输设备的出口比重迅速增长是伴随轻纺工业的上升与下降的同一生命节律反方向运动的。也就是说，轻纺工业出口比重下降之时，正是机械与运输设备出口比重上升之际。之所以出现这种规律，是因为轻纺工业的转移需要更多的纺织机械设备和其他轻工业机械设备，以及由它的后向联系所引起的钢铁冶金工业设备和由它的前向联系引起的运输机械设备。这也是人们常说的最终产品带动中间产品，消费品带动资本品，投资带动贸易的基本道理。随着机械和运输设备出口的迅速增长，发达国家为了保持竞争优势，必然注意产业创新，用更新的技术装备机械和运输设备产业部门，自动化电子设备迅速发展起来，同时人们的生活需求也为生产家用电器设备和电子产品提供了广阔市场。高新技术产业群也就应运而生。因此，我们可以预言，机械和运输比重也会下降，并且大量转移到发展中国家去生产。人类工业化的历史，就是一部发达国家创造出新的产业，不断转移到发展中国家的历史（卢根鑫，1997）。

　　技术变革改变了全球生产布局，三次科技革命以来，世界制造业中心也在不断地迁移，呈现出"英国→德国→美国→日本及东亚"的变化路径。有学者曾对技术转移和经济增长中心的变化进行了更长历史时段的研究，对比发现：由于技术的全球扩散，技术或产业的发源地往往不能维持最终的经济盈余。一方面，历史上全球技术扩散的路径大致可以描绘成：中东→南欧→欧洲大陆北部→英国→美国东部→美国西部和太平洋地区；另一方面，全球经济增长（表4.2中的经济盈余）的地区推移恰好是技术扩散的一期滞后。[①]

---

① 李平. 技术扩散理论及实证研究 [M]. 太原：山西出版社，1999：20.

表 4.2　　　　　　　技术扩散和世界经济增长中心的推移

地理发展中心		当时地理上经济盈余中心	
技术/产业	发源地	经济盈余地区	时间
航海和船舶	中东	南欧	13 世纪中至 16 世纪中
贸易和银行	南欧	欧洲大陆北部	16 世纪中至 18 世纪中
管理和控制	欧洲大陆北部	英国	18 世纪中至 19 世纪末
产业革命	英国	美国东部	20 世纪初至 20 世纪末
信息革命	美国东部	美国西部和太平洋地区	20 世纪末至 21 世纪

资料来源：Aggarwal（1991），Technology Transfer and Economic Growth：A Historical Perspective on Current Developments，转引自李平（1999），表 1.1.4。

4.2.4　重合产业的作用

那么，为什么在这些国家的这些产业会发生国际产业转移呢？主要是由于这些产业是转移双方的重合产业。

从产业发展史来看，棉纺业、毛纺织业、化学纤维工业、制鞋业、成衣业等劳动密集型产业部门，在一段时间内是发达国家和欠发达国家都存在的产业部门。现今，钢铁冶炼业、石油化学工业、汽车工业也正成为它们的重合产业部门。产业贸易和产业投资越发展，这种重合产业就越会不断出现、发育、成长，持续演变。从相关国家和地区的产业发展来考察，英国与欧洲大陆、美国、印度等于 19 世纪 30 年代出现棉纺织业的重合，美国、印度这些当年英国殖民地的棉纺织业以及日本棉纺织业的崛起，使英国棉纺织业在后来失去了昔日的辉煌。在第二次世界大战后，东亚 NIEs 与日本之间也出现了重合产业，20 世纪 50～60 年代的重合产业为轻纺织工业，70 年代之后出现钢铁冶炼、造船等资本密集型产业的重合。在中东和北美，则是石油业与欧洲大陆、美国等国石油业重合。巴西、韩国等发展中国家的汽车业也正与发达国家汽车业重合。毫无疑问，重合产业已经并且越来越成为发达国家与发展中国家之间产业结构成长的普遍现象。①

4.2.5 "双重"劳动力市场

发展经济学的开创者、主要代表人物阿瑟·刘易斯（1978）在《国际经济秩序的演变》一书中曾写到：目前（20世纪70年代）的国际经济秩序是在19世纪最后25年间形成的。1850年，英国完成了工业革命，有些国家对此作出了反应，先后实现了工业化，而大多数国家却没有对此作出反应。基于这一点，世界分成了工业国和非工业国。

刘易斯还进一步指出了实现工业化的两种手段：一是与已进行工业革命的国家进行贸易，对外贸易有利于增加国民收入，从而有利于实现工业化，如澳大利亚就是通过贸易实现了工业化。但仅仅通过贸易实现工业化的机会不大。另一个机会是进行效仿，但这方面也存在着严重的障碍。殖民主义采取各种手段压制当地的工业化，当地出口贸易的各个环节都控制在外国手里，利润流向宗主国，殖民地国家的资金积累减少了。至于有些政治上已独立的国家也未实现工业化的原因，他认为这是由于这些国家缺乏"投资气氛"，即政治权力掌握在地主阶级手中，它为了自己的既得利益，竭力阻挠工业化的实现。

刘易斯的论述中提及因劳动力成本上升引发的国际产业转移现象。第二次世界大战后，工业国的工业增长速度前所未有，人口的增长几乎为零。20世纪60年代，国际经济开始发生变化，工业国在比较穷的国家投资以生产制成品并出口。制成品成为发展中国家增长速度最迅速的出口产品，其增长速度每年约为10%，比发达国家出口制成品的增长速度稍微快一些。到1975年时，制成品已占发展中国家（不包括石油生产国）全部出口的33%。他这样解释

---

① 卢根鑫. 试论国际产业转移的经济动因及其效应 [J]. 上海社会科学院学术季刊，1994（4）.

其原因：现实的世界中并不是像在纯粹市场经济的模式里，各行各业都实现同工同酬，而是存在"二元"或"双重"劳动力市场。

纵观历史不难发现，有许多产业发生过国际转移。例如，纺织品最早是欧美向其他国家大宗输出的产品，20世纪初，洋布占领中国市场，挤垮了土布。几十年后情况发生逆转，纺织业转移到发展中国家，尤其是中国的纺织品，充斥欧美市场。而欧美成了纺织品的纯进口国。汽车产业也有类似的变化，最早美国是主要的汽车生产和出口国，后则大量进口日本汽车，近年韩国和马来西亚又成为重要的汽车出口国。最初，某些产品在一些发达国家生产并向其他国家出口。过了一段时间以后，原来的进口国开始生产并出口这些产品，而最初出口的发达国家反而需要进口。

4.3　微观视角的国际产业转移分析

4.3.1　产品层面的国际产业转移分析

1. 产品周期理论①与美欧国际产业转移

产品周期理论（Product Cycle Hypothesis）由美国哈佛大学经济学教授雷蒙德·弗农（Raymond Vernon）于1966年在《经济学季刊》上发表《产品周期中的国际投资与国际贸易》一文中首次提出，后经 Knickerbocker（1973）、Wells（1977）、Graham（1975，1978）等人及弗农本人（1974，1979）进行了重要的扩展和检验。该理论强调新产品开发，突破了静态分析的局限，将技术创新引入国际贸易和国际投资的分析中，第一次从比较优势的动态转移角度将国际贸易和国际投资作为整体考察企业的跨国经营行为，使其成为贸易领域和投资领域具有深远影响的理论，并预示了以后将出现

---

① 本部分及下部分中关于产品周期理论的论述主要来自鲁桐：产品周期理论的意义及其缺陷，2001. old. iwep. org. cn/chinese/gerenzhuye/lutong/wenzhang/chan_pin_zhou_qi－lutong. pdf。

关于技术创新对贸易和投资方式影响的重要著作。

产品周期理论产生于由"里昂惕夫悖论"（The Leontief Paradox）引发的对国际贸易主流思想进行反思的国际贸易新理论研究大潮中。该理论是熊彼特经济发展理论在贸易领域的进一步扩展，延续了技术创新和新产品导入给经济带来"间断性变化"这一传统，并吸纳了当时林德（S. B. Linder, 1961）的"偏好相似论"（Theory of Preference Similarity）、波斯纳（M. V. Posner, 1961）的"技术差距模型"（Technological Gap Theory）、哈夫鲍尔（G. C. Hufbauer, 1965）的"创新与模仿理论"（Innovation and Imitation Theory）等国际贸易新理论的某些思想。

产品周期理论的提出主要是为了解释"二战"后美国制造业的对外出口和直接投资。弗农将产品周期分为三个阶段：新产品阶段、成熟产品阶段、标准化产品阶段。根据弗农的观点，20 世纪60 年代美国进行对外直接投资，主要是由于美国具有产品创新的竞争优势和美国公司具有阻止或（先发制人）排斥国外竞争者的愿望（吉尔平，2003）。

（1）新产品阶段（New Product Stage）。

在这一阶段，产品在技术上是新发明。除了发明国以外，其他国家对这一项新技术知之不多。而且生产者对于新产品生产技术和市场反应还在不断摸索和改进。在这一阶段，需求主要来自本国市场，生产也主要针对本国需求。由于在产品开发的初期，产品性能和市场需求都不稳定，需要较多的投入进行市场开发，新产品的开发成本也随着企业与市场的距离拉大而增加。同时，在早期阶段，新产品需求价格弹性较低，这时，创新企业往往选择本国作为生产基地，以靠近需求市场。

美国市场条件具有两个主要特征：一是美国市场拥有平均收入较高的消费者，这个条件使某些新消费品的销售得以增长；二是美国市场具有较高的单位劳动成本和相对不定量的资本，这个特点催生了以资本替代劳动的创新需求。因此，美国的新产品发明主要是为了节省劳动或满足高收入消费者的需求。

一旦早期生产者决定在某个特定国家设点生产，该国很可能在一段时间内保持领先地位。在国内市场很小的情况下，其他地区的后起生产者，无法在市场上与之竞争。由于其新产品几乎没有国外竞争，进行创新的生产者通常为其产品开辟有限的出口市场，起初只在其他高收入国家寻找市场。因此，在这一阶段基本上没有出口和对外投资的发生。

（2）成熟产品阶段（Maturing Product Stage）。

在这一阶段，技术已经成熟，产品的设计和生产在某种程度上已经达到标准化。随着经验的积累和产品的发展，产品已经基本定型。发明国开始大量生产，生产超过了国内需求，与此同时，国外的需求也已增加。发明国开始向需求相似的高收入国家出口，并考虑对这些国家投资，直接进入这些国家的市场。成熟的生产技术也随着产品的出口而转移出去，产品进口国能够迅速地模仿并掌握技术，并开始在本国生产。

此时，需求扩大，产量增加，需求价格弹性逐渐增大。由于市场竞争日趋激烈，替代产品逐渐增多，生产新产品的企业的技术垄断和市场寡占地位相对削弱，因而，生产成本的节约成为能否在市场上击败竞争者的重要因素。按照利润最大化原则，只要美国出口商品的边际生产成本加上运输成本低于进口市场（欧洲国家）的预期平均生产成本，美国投资者总是首选出口，而把直接投资放在其后。只有当上述条件逐渐变得有利于投资时，美国企业才会把西欧国家作为优先选择的投资区位，因为那里的需求类型与美国相近，劳动力成本相对较低。

（3）标准化产品阶段（Standardized Product Stage）。

在这一阶段，产品本身和生产技术已经完全成熟。技术已不再新颖，也不再是什么秘密，甚至已经开始老化。技术本身的重要性已经逐渐消失，许多技术都已包含在生产该商品的机器中了。这时美国在技术上的垄断优势完全消失，创新能力、市场知识和信息已退居次要地位，成本价格因素在竞争中起了决定性作用。在标准化产品阶段，优先考虑的生产基地落到成本最低的国家。发展中国家成为新产品的主要市场，且其劳动力工资成本比较低，因而投资国开始在一些发展中国家投资生产，并将生产的产品返销到母国或第三国市场。此时，产品创新国成为该产品的进口国。

图 4.1 描述了美国和欧洲之间的贸易和投资演变过程。几个关键的时期是：t1 美国开始出口，t2 欧洲开始生产，t3 美国开始进口。从 t2 时期起，假设欧洲相当份额的产出是由美国跨国企业在欧洲的子公司生产的。同样，当美国开始进口时，也涉及美国在那里的子公司的生产活动。

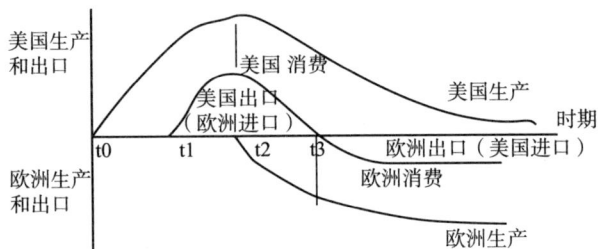

图 4.1 产品周期理论

资料来源：转引自 Hood and Young. 跨国企业经济学 . 72。

1979 年，弗农在《新国际环境下产品周期假说》一文中，针对国际环境的新变化，对产品周期理论加以修正。弗农提出了国际环境的两个显著变化：

第一个变化是，许多跨国公司的海外网络扩大：随着持续面对（时间和产品方面）外国市场，它们对于外国投资者不再不确定，因此最先转移到传统领域的意愿下降。

第二个变化是，美国和其他发达国家之间差距的缩小：其他国家获得了以前美国才有的收入水平和相对劳动成本，而且单个的欧洲市场提供了相似的规模经济，因此美国企业在对外投资时不再面临明显不同的条件，所以不确定性减少。

总之，产品生命周期假说在解释美国和其他发达国家之间的关系以及发达国家和欠发达国家之间的关系时不再适用。

针对国际环境变化，弗农将进行全球经营的跨国公司分为三种类型：

一是全球扫描仪：拥有全球市场扫描能力的企业，不确定性不再是距离的函数，产品周期假说作用减弱，而获得信息一般无须成本。

二是标准化产品制造商：企业制造标准化的产品，对全球同质需求作出反应，而不是针对个别市场的独特需求，因此获得全球规模经济并减少了处理和翻译信息的需求，按产品周期行事。

三是近视的创新者：本国市场导向，将外国市场的分析留给其外国子公司，产品周期假说仍然有效，但地理扩散是子公司承担风险倾向的函数，并且不考虑第三国。

在解释上述三种类型企业的活动时，产品周期理论无效或作用减弱。但产品周期理论在解释以下问题时仍然有效：缺乏全球扫描能力或外国子公司网络的小公司和以本国为基础的公司的创新活动；即使是具有较好扫描能力的公司如果它们的产品专业化仍然在变，且固定在一个成本较低的区位；按照产品周期理论欧洲和日本在节约材料和资本生产方面的优势会消失；发展中国家吸收其他国家的创新；快速工业化者开始向其他落后于它们自己的发展中国家出口创新的周期。

尽管时过境迁，产品周期理论不能像以前一样对美国企业的行为提供有说服力的解释，但产品周期的概念仍能解释和预测某些种类的 FDI，它仍能为各国企业提供行动指南。

2. 产品生命周期理论对国际产业转移的解释力

尽管产品周期理论的提出旨在解释美国制成品的国际贸易与对外投资生产，但作者不经意间展示了一个新产品的生产由技术原创国（美国）向其他发达国家（欧洲）和欠发达国家（LDCs）转移的完整过程，这个过程与前面定义的国际产业转移高度吻合。因而，产品周期理论可以在一定程度上解释国际产业转移现象，是国际产业转移研究的一个重要理论来源。

由于产品周期理论的研究对象是美国的新产品，这决定了它在解释国际产业转移现象时，具有一定的特殊性。它主要解释了"二战"后 10～20 年间，美国向国外转移产业的情况。从技术上看，美国作为当时（当然现在也是）世界上最发达的国家，在技术创新中独占鳌头，新技术催生新产品，美国成为新产品的原创国。在产品周期模型中，弗农吸取了林德（S. B. Linder）"偏好相似理论"的思想，认为新产品的生产最初是为了满足本国市场的需求，在产生之初选择国内生产也是由于对国内市场比较熟悉。技术是不断演进的，随着技术的不断成熟，生产所需的要素也在发生变化（海闻，1993）。

在第一阶段，技术尚处于发明创新阶段，所需的资源主要是发达的科学知识和大量的研究经费，新产品实际上是一种科技知识密集的产品，而只有少数科学研究发达的国家才拥有这些资源，从而拥有新产品生产的比较优势。因此，新产品往往首先出现在少数发达工业国。

当第二阶段技术成熟以后，大量生产成为主要目标。这时所需资源是机器设备和先进的劳动技能。产品从知识密集型变成技能密集型或资本密集型。资本和熟练工人充裕的国家开始拥有该产品生产的比较优势，并逐渐取代发明国成为主要的生产出口国。

到了第三阶段，一方面，产品的技术已完成了其生命周期，生产技术已经被设计到机器或者生产装配线中，生产过程标准化，操作也变得简单；另一方面，生产该产品的机器本身也成为标准化的产品而变得比较便宜。因此，到了这一阶段，技术和资本也逐渐失去了重要性，而劳动力成本则成为决定产品是否具有比较优势的主要因素。此时，原来的发明国既丧失了技术上的比较优势，又缺乏生产要素配置上的比较优势，不得不开始进口，而发展中国家丰富的劳动力资源呈现出不可比拟的比较优势。

产品周期理论主要分析在新产品阶段是什么因素决定最初的生产区位，在成熟阶段厂商如何选择出口和直接投资，以及在标准化阶段外国企业与本国企业的国际竞争格局如何形成。产品周期理论也从一个侧面解释了工业先进国与落后国之间比较优势不断转化和产业结构不断调整的过程。工业先进国的产业转移不仅促进了工业落后国的工业化，同时也导致了彼此之间比较优势和贸易结构的变化。从产品的要素密集度来看，在产品周期的不同时期，其生产要素的比例会发生规律性的变化：不同国家，在产品周期的各个阶段，其比较优势将从某一国家转向另一国家。可见，产品周期理论是一种动态经济理论，不仅具有较大的实用价值，而且具有重要的理论价值。

它的基本结论有三点：第一，随着产品周期的演进，比较优势呈动态转移的过程，贸易格局和投资格局随着比较优势的转移而发生变化。第二，每个国家都可以根据自己的资源条件，生产其具有比较优势的、一定周期阶段上的产品，并通过交换获得利益。第三，FDI的动因和基础不仅取决于企业拥有的特殊优势，而且还取决于企业在特定东道国所获得的区位优势。只有这两方面优势的结合，才能使直接投资最终发生，并给投资者带来利益。

产品周期理论作为国际产业转移的一种相关理论，具有一定的一般性。产品周期理论指出了国家间"工业化优序"的存在（industrilized pecking order），各国发展有先有后，技术具有差距（technology gap），模仿具有"时滞"（time lag）。伴随着技术周期（technology cycle），要素密集度周期（intensity cycle）、产品周期（product cycle）、国际贸易周期（international trade cycle）相继出现，产业向他国转移。产品周期理论指出了国际产业转移的时机，即产品标准化阶段；也说明了国际产业转移的动机，即降低劳动成本；还指出了国际产业转移的顺序，即先是需求相似的其他发达国家，然后才是欠发达国家。同时也说明了国际产业转移的渠道，即对外直接投资。当然如果对该理论深入分析，还可以发现国际贸易和国际技术转移这两个渠道①；而国际产业转移是企业跨国经营行为带来的结果。

然而，由于产品周期理论起源于"二战"后对美国出口和直接投资的分析，因而在解释国际产业转移现象时也具有一定的特定性。产品周期理论以世界上最发达的国家美国为出发点，意识到"优序"的存在，解释的是产业由最发达的国家向次发达国家和发展中国家的转移，是典型的"顺梯度"产业转移，而且转移的渠道是直接投资，这种投资是一种逆贸易志向的投资，与出口是替代关系，也被称为"美国式投资"。

随着时间的推移，国际形势、国家实力、技术创新、企业组织等方面都发生了巨大的变化，产品周期理论对于国际产业转移的解释能力逐渐下降。例如，该理论不能说明20世纪70年代以后，欧洲和日本对美国的大规模直接投资活动；也不能说明近20年来，发展中国家对发达国家直接投资迅速发展这一现象。这种顺贸易志向的投资、逆梯度的国际产业转移，产品周期理论无法解释。

事实上，随着跨国公司的发展，跨国公司成为FDI的主体，跨国公司以全球战略眼光开展生产经营。很多产品不是由母国扩散到海外，而是一开始就在海外进行设计、研究、开发，瞄准海外市场销售。在技术竞争激烈的条件下，产品周期相应缩短，企业为了抢占市场，获得丰厚的垄断利润，就必须尽可能快地在不同地区生产和销售新产品，并针对不同地区的需求偏好开发、生产差异性产品。

弗农本人也承认他的产品周期理论在以下两个条件变化的情况下变得苍白无力：一是越来越多的国家从事技术创新，并由此建立海外子公司；二是随着经济国际化和全球化的发展，发达国家之间在收入水平、市场规模、要素成本等方面日趋接近。产品周期理论

---

① 当产品进入标准化阶段，技术固化到机器设备当中，而且机器设备也变得标准化和相对便宜，因而发明国企业也可以向其他国家出口机器设备，或是许可加工，可见国际贸易和技术转移也是国际产业转移的重要渠道。

描述的产品区位转移的三段模式，即母国生产并出口到发达国家；发达国家投资生产，母国减少生产和出口；最后在发展中国家投资生产，母国停止生产改为由海外进口，这一发展模式随着国际经济条件的变化显得越来越不适用。

弗农理论强调的是新产品的开发，强调的是具有原创性的技术创新，而不关注技术的渐进变革。如果说发达国家具有原创技术的垄断优势，那么后发展国家则具有仿效的赶超优势，而且在仿效的过程中可以对原有的技术加以改进。日本汽车和彩电业的发展就是一个很好的例子。在汽车生产行业，日本企业通过不断改进汽车技术，使日本在 20 世纪 60 年代和 70 年代成为主要汽车生产国之一。日本企业在汽车生产上的技术创新使汽车产品不断更新，产品周期没有进入成熟化和老化阶段。在电子工程方面，日本的彩色电视机生产也经历了同样的过程（Peck and Wilson，1982；Ohmae，1987）。技术发展的结果是日本的汽车和彩电厂商在美国和欧洲进行了大规模的直接投资。

产品周期理论为发达国家技术原创型产业的国际转移，提供了很好的分析工具。虽然随着时间的推移，对很多问题的解释力下降，但因为其本身就是针对特定对象的研究得出的理论，因而无须求全责备。产品周期理论不但很好地解释了特定的国际产业转移现象，而且对国际产业转移问题的研究具有很强的指导作用。关注新产品的变化、以技术为主线，为研究国际产业转移这一复杂现象提供了很好的思路。而且弗农本人也意识到随着国际环境的新变化，产品周期理论需要修正，这也正体现出理论需要随着实践的变化而不断改进。

对国际产业转移相关理论的梳理从产品周期理论开始，基于两个原因：一是产品周期理论研究的是最发达国家的国际产业转移状况，而最发达国家往往是国际产业转移的发端；二是产品周期理论强调的是新产品，新产品是技术创新的体现。

4.3.2　企业层面的国际产业转移分析

正如弗里德曼所说：理解大的事物必须从理解小的事物开始。①对于复杂的包含着大小多个层次的国际产业转移现象，"产品周期理论"以及下一部分将要介绍的"边际产业扩张理论"都是沿着技术变革的主线，从产品、企业或产业这些微观、中观层面入手，将对外出口与直接投资二者综合在一起作出的宏观解释。②

如果以产业转出国的企业为研究起点，国际产业转移就像上面两个理论所描述的那样，不可避免地涉及对外投资这个渠道，因而国际产业转移问题的研究者常常将对外投资理论直接拿来作为国际产业转移的理论。但正如前面在概念比较中所对比的，国际产业转移不同于对外投资，而且对外投资理论林林总总，直接的拿来主义显然是不合适的，像上述两个理论这样既考虑到国际产业转移可能涉及的各个层次，并作出宏观解释的理论才有助于我们理解国际产业转移问题。

在关于国际产业转移的研究中，常常会看到"直接投资下的国际产业转移"、"国际产业转移性质的对外投资"这样的提法，而上面两个理论虽然可以用来解释某些国际产业转移现象，但也的确是对外投资理论。从前面的分析可知，对外投资并不是国际产业转移的唯一渠道，为什么对外投资倍受关注呢？为什么当产品进入到标准化阶段或是产业变为边际产业的时候，企业要进行对外投资或者国家要促进企业对外投资，将这种生产转移到国外呢？

这还要回到以技术为主线的分析中，当产品进入到标准化阶段或者产业变为边际产业之时，技术都已经固化在生产产品的机器设备之中，从而隐含了"无形资本"（intangible capital）的存在。"无形资本"的存在可能会使企业放弃转向投资于其他产品的生产，

① M. Friedman. Price Theory. Chicago：Aldine Publishing Co. ，1976：7.
② 一般认为"产品周期理论"是一种微观理论，但从它解释了国际贸易和投资的模式上看，也可视为一种宏观理论。

或者直接出售二手机器设备，而是用对外投资的方式使同一产业在其他的生产区位继续获利。

小岛清和小泽辉智对这个问题都有所思考（Chung H. Lee，1984），具体如下。

在小岛清的宏观理论中，当所在产业失去比较优势时，企业开展对外投资。很明显，这些企业必须发现对外投资要比其他任何选择都有利可图。小岛清试图证明比较优势和比较利润率之间的关系。不进行产业间投资（或称产业投资转向）的原因是对于一个不熟悉的行业，生产、管理或营销的学习成本太高。换句话说，缺乏无形资本的企业更容易转移到其他产业，这暗示企业具有产业特有的而不是企业特有的无形资本。企业无法在不引起高的初始成本条件下进入另外一个不同产业，也就是说，与企业投资决策有关的绝不仅仅是比较利润率。

小泽辉智对小岛清理论进行了扩展。小泽的日本对外直接投资理论主要是基于古典增长理论——李嘉图—希克斯工业停滞陷阱。根据希克斯对李嘉图停滞理论的概括，工业经济不能无限扩张，或早或晚都会遇到"不可移动"的要素，如土地和劳动力问题。小泽认为，日本在20世纪60年代中期达到增长限制，经历了劳动力短缺和工资增加。对日本来说，FDI是逃脱自然资源和劳动稀缺导致的工业停滞的一种方法。小泽表示这种逃脱模式是集体意志或政府的选择，日本政府运用各种各样的补贴来鼓励日本企业对外投资，这就是为什么"目前也许没有哪个工业国像日本这样热衷于产业结构重组"的原因。

怎样量化宏观力量（如政府补贴额）？如小泽所说，我们需要知道这些力量怎样影响了企业的决策，即使它们可能在促进企业对外投资方面并没有显著作用。在面对自然资源和劳动的日益稀缺时，企业可采取更为资本密集的技术来生产同种产品或生产资本密集度更高的另外一种产品。日本的宏观经济力量可以迫使企业选择其一，也包括FDI，但不必仅促进其对外投资。

FDI 优于其他选择有两个原因。第一，如果一个企业要进入另一个行业，新行业特有的无形资本与无形资本租金的损失相比是比较低的。企业可以通过对外投资于相同产业来避免这种损失。第二，假定二手机器市场是不完全的，企业在卖出其产业或企业特有的有形资本时将遭受巨大福利损失。通过对外直接投资于同一行业，并通过转移二手机器给其子公司，企业可继续占有其市场，并避免福利损失。通过对外直接投资，企业避免了无形资本和二手机器形式的财富损失。

如果不完全市场是一个出价变化较大的市场，那么风险厌恶型企业将接受等于不确定价格预期值的特定出价。通过开展对外直接投资并将其二手机器卖给其海外子公司，投资公司就比在二手机器市场上以同样预期价格卖出其二手机器获得更多的收益。很难发现直接证据支持日本企业卖二手设备的观点。Lee 发现，半数以上的日本对韩国的投资以机器的形式开展，而相对来说，美国对韩国的投资也是如此。日本制造企业和日本一般贸易公司的联合直接投资，通常是伴随着向后者提供机器设备。这种紧密的合同版本必将增加它们投资的联合收益。

4.3.3　技术发展与国际产业转移

从前面对三次科技革命的回顾不难看出，技术变革是一种常态，国际产业转移不但随技术的发展而产生，而且也随着技术的发展而变化。

（1）随着技术的进步，产业不断升级、产品日益复杂化。产业的不断升级，使得国际产业转移中的产业变化呈现出一定的规律：从轻工业到重工业再到高科技产业。但随着产品逐渐复杂化，国际产业转移的形式也在发生变化。如自行车产业的国际转移和汽车产业转移就存在明显的不同。对于自行车这类零部件较少、组装比较简单、附加值也不高的产品，整体的产业转移较为常见。而对于汽车这类零配件多、工序复杂、附加值高、对一国国计民生又比较重要的产业，整体的产业转移就较为少见。在汽车这类产品生产中，封闭的、大而全的分工模式已被"模块化"① 所代替，企业往往只控制"核心价值"部分的生产，而将其他的环节转移到成本更低的国家。第三次科技革命还使全球成为一个大工厂，参与经济全球化进程的各国成为这个工厂的相应车间，产业链的全球分解成为一种趋势，国际分工更加细化，单个企业大都只能完成产业链的某一节点的工作。跨国公司为了追求利润最大化而主要从事"归核化"②、高利润节点的生产和经营，这样，在第三次科技革命的进程中，产业边际价值链的转移逐渐取代边际产业的转移，而成为国际产业转移的主流方式。

（2）随着竞争的日趋激烈，技术推陈出新的速度越来越快，产品的生命周期也随之缩短。弗农等人的模型忽视了技术的渐进发展对企业和产业演化的重要作用。如前所述，日本汽车和彩电业的发展就是一个很好的例子。在汽车产业，日本企业通过不断改进汽车制造技术，使日本在 20 世纪 60 年代和 70 年代成为主要汽车生产国之一。日本企业在汽车生产上的技术创新使汽车产品不断更新，产品周期没有进入成熟化和老化阶段。日本的彩色电视机生产也经历了同样的过程（Peck and Wilson，1982；Ohmae，1987）。技术发展的结果是，日本的汽车和彩电厂商在美国和欧洲进行了大规模的直接投资。用保罗·克鲁格曼的话讲，纵向跨国公司从事的是"切断价值链"的业务，把生产过程的某些阶段重新定位到低成本的位置，从而产生更高的成本效率。这类跨国行为是对贸易的补充，并经常创造贸易活动，因为为了装配，不同国家的（中间）产品不得

---

① "模块"是指"半自律性的子系统，通过和其他同样的子系统按照一定的规则相互联系而构成的更加复杂的系统或过程"。把复杂的系统分拆成不同模块，并使模块之间通过标准化接口进行信息沟通的动态整合过程就叫做模块化。模块化有狭义和广义之分，狭义模块化是指产品生产和工艺设计的模块化，而广义模块化是指把一系统（包括产品、生产组织和过程等）进行模块分解与模块集中的动态整合过程。

② 所谓"归核化"，意指多元化经营的企业将其业务集中到其资源和能力具有竞争优势的领域。归核化不等于专业化，也不等于简单地否定多元化，而是强调企业的业务与企业核心能力的相关性，强调业务向企业的核心能力靠拢，资源向核心业务集中。

不运输到其他国家。

（3）获取技术的方式发生变化。技术创新的主体是企业，但这并不意味着技术创新过程只有一个主角。技术创新是一个从科学技术成果的供给到创新产品在市场上销售的完整过程，参与这个过程的角色是各种各样的。正如经合组织（OECD）在其研究报告中所指出的："技术变化并不是以一种完善的线性方式发展的，而是通过该体系的连锁环路来发展的。这个系统的中心是企业，它们组织生产和创新的方式以及它们获得外界知识来源的途径可能是其他企业、公司研究机构、大学或者转移机构——既可能是区域性的，也可能是国家性的或者国际性的。在这里，创新企业被理解为是在一个复杂的合作与竞争的企业和其他机构组成的复杂网络中间进行经营的，是建立在创新产品供应商与消费者之间一系列合资或密切联系的基础之上的"（鲁桐，2001）。事实上，自从电脑业模块化以来，在很多产业里面，模块化现象正在出现。早期的模块化主要针对电脑产业，现在的互联网、汽车和金融业等都正在运用着模块化的原理。甚至，模块化的思想造就了新兴的高科技企业的诞生，硅谷著名的思科公司就是这样的典型代表。思科公司的成功在于它能始终保持在高科技领域的强大竞争力。而有趣的是，它之所以有这样的非凡能力，并不在于它自己的研发能力超强，而是因为它灵活运用模块化的原理，从公司外部购买了最尖端的技术成果组成的模块。它不用现金，而是用交换股权的方法在众多模块的竞争中并购最优秀的风险企业。思科没有自己独立的研究，而是通过并购（acquisition）来获得最尖端的技术，因此，人们把这种研发方式称之为"A&D"（并购与开发），而不是通常意义上的"R&D"（研究与开发）。

（4）技术在生产中的重要性增强。事实上，跨国公司是以全球战略的眼光决定各区位的生产经营方式。很多产品不是由母国扩散到海外，而是一开始就在海外进行设计、研究、开发、瞄准海外市场销售。在技术竞争激烈的条件下，产品周期相应缩短，企业为了抢占市场，获得丰厚的垄断利润，就必须尽可能快地在不同地区生产和销售新产品，并针对不同地区的需求偏好，开发、生产差异性产品。

4.4　宏观视角的国际产业转移分析

4.4.1　产业层面的国际产业转移分析

20 世纪 60 年代以后，经济学领域逐渐开始了关于对外直接投资问题的正式研究，上面介绍的弗农的产品周期理论就是当时非常具有代表性的理论。日本著名学者小岛清也跻身于对外直接投资的研究中，与弗农的产品周期理论不同，小岛清主要考察了日本的对外直接投资情况，提出了"日本式对外直接投资理论"——"边际产业扩张论"和"贸易与投资互补关系"的小岛清模型①。

1. "日本式对外投资论"的基本内容②

（1）基本主张。

小岛清对外投资理论的基本主张是："对外直接投资应该从本国（投资国）已经处于或即将陷于比较劣势的产业——可称为边际产业——（这也是对方国家具有显在或潜在比较优势的产业）依次进行。"也可以把它概括为"切合比较优势原理"；或者按照它的内容，称之为"边际（包括边际以下）产业扩张论"。

小岛清用图示的方法（见图 4.2），描述了这种动态性的局面，指出：从本国边际产业开始的对外直接投资，即他所说的顺贸易导向的（Pro – Trade Oriented – PROT）、日本式的对外直接投资（PROT –

---

① "边际产业扩张论"是从产业层面提出的"日本式"对外直接投资理论，其是宏观理论并无争议，小岛清也因此成为在比较要素禀赋框架下为日本提出 FDI 宏观理论第一人。产业虽为中观层面，但因该理论从日本贸易导向的产业政策角度对日本的 FDI 进行了分析，因而具有宏观视角，故将其置于宏观视角的分析之中。

② 下面的介绍来自［日］小岛清. 周宝廉译，对外贸易论［M］. 天津：南开大学出版社，1987，第十三章的相关内容。

FDI)，使对方国家的成本有望降低，从而实现双方利益更大、数量更多的贸易，这种直接投资的作用是使贸易得到互补和扩大；而从本国具有比较优势的产业开始的、逆比较优势进行的对外直接投资，即逆贸易导向的（antitrade oriented – ANT）、美国式的对外直接投资（ANT – FDI），虽能降低对方国家的成本，但仍高于本国成本，因而只不过是用国外的生产替代了本国的出口贸易、非但没有节约成本，反而造成了生产资源的浪费。

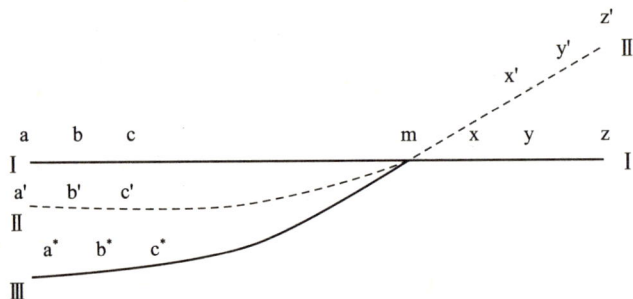

图 4.2　日本式投资与美国式投资

资料来源：小岛清（1987）。

（2）重要推论。

小岛清通过分析，导出六个重要推论。

推论之一：可以把国际贸易和 FDI 的综合理论建立在"比较优势（成本）原理"的基础上。这是因为，在贸易方面，按照既定的比较成本，一国通过对比较优势产业实行专业化，并出口该种产品，同时缩小比较劣势产业并进口该种产品，就可以获得贸易利益。在对外直接投资方面，投资国应从趋于比较劣势的边际产业开始进行投资，这样做可以使对方国家因为缺少资本、技术、经营技能等而没能显现出来的（潜在的）比较优势显现出来或增强起来（这可概括为采用先进的生产函数）。因此，可以扩大两国间的比较成本差距，为进行有更大贸易利益的贸易创造条件。对外直接投资的利益是从把这种更先进的生产函数移植给对方国家（请注意，这在单纯进行贸易的情况下是不可能）的动态原因中产生出来的。贸易是按照既定的比较成本进行的，而直接投资可以创造新的比较成本。虽然有这种差别，但两者都是以比较成本原则为判断标准的，从这一点上说，可以把两者建立在同一个综合理论基础之上。

推论之二：日本式的 FDI 不是取代贸易（替代关系），而是补足（互补关系）贸易，创造和扩大贸易的。这是因为，从本国趋于比较劣势的边际产业进行 FDI，在对方国家廉价生产并向本国进口是有利的。日本式的 FDI 在本质上（两国模式的情况下）是导向产品对外销售（如果扩大为多国模式则包括向第三国的出口）。从创造和扩大投资国进口这个意义上说，是顺贸易导向的（pro-trade oriented or trade-creating）。原来的出口由于接受投资国的直接投资生产的取代而减少，通常称为"替代关系"。伴随着日本式的对外投资的进行，会使投资国增加投资资材等的出口。同时，随着接受投资国国民收入的增长，也会使投资国增加出口。判断直接投资与贸易是互补关系还是替代关系，最根本的就是看它是日本式的、贸易导向的，还是与此相反。

推论之三："边际产业"的概念可以扩大，更一般地称为"边际性生产"。这主要是从下述情况考虑的：同发展中国家相比，日本劳动密集的产业已经趋于比较劣势，变成边际性产业；不过，同是劳动密集的产业，可能大企业还保持较强的比较优势，成为"边际性企业"（因此，在日本式投资当中，中小企业的对外投资走在前面）。另外，在同一企业中，也可能将装配或生产某种特定部件的劳动密集的生产过程变成"边际性部门"，要先从这种部门向外投资。也就是说，可以把这些"产业"、"企业"、"部门"概括起来，称为"边际性生产"，这些全都属于小岛清基本主张的范畴。

推论之四：应当立足于"比较成本原理"进行判断。要经常考虑两种商品（至少是两种，最好是多种商品）、两个国家的模式。应该采用先计算本国两种商品的成本比率，然后与外国的同种比率相比较这样一个"比较之比较的公式",而不应停留在一种商品、一种产业或一个企业的分析。企业发展论、产业组织论等经营学的研究方法常常是停留在这种分析上的。这种研究方法虽然可以把多种因素考虑进去,对本国和世界各地同一种商品的成本进行详细的比较,但这样做是不够的。国际分工论采用"比较之比较的公式"作出最后的判断和修正则是在此基础上的更进一步。

推论之五:引进了基于FDI的"产业(更一般地说,是推论之三所指的'产业')移植的比较优势"这一概念。并且建议,在投资国与接受投资国之间"从技术差距最小的产业依次进行移植",同时"由技术差距较小的投资国的中小企业作这种移植的担当者"。

推论之六:"比较成本与比较利润率两者相关的主张"。如推论之四、推论之五所述,比较成本同比较成本变化的决定,不仅理论上的含义不同,而且在实际上很难把握,也是研究工作者不好回答的问题。因此,无论贸易还是FDI,都是根据营业利润核算来判断的。可是,营业不就是从经验上掌握比较成本及其变动,并根据比较成本及其变动进行利润核算的吗?(这种判断由只了解本身情况的各个企业去做是很不够的;只有能够全面了解进出口的综合商社或大银行才能作出准确的判断——这也是它们作为FDI组织者的原因)正是从这个情况出发,才设想了"两者相关的主张"。简言之,就是直接投资的结果,在对方国家能具有比较优势的生产,必定能够获得更高的企业利润。正因为如此,才对那种生产进行直接投资。

(3)应用主张。

根据以上的基本主张和推论,小岛清导出了若干"应用主张"。这些应用主张引起了广泛的关注。

应用主张一、应用主张四分别是:关于确保资源产品的政策和关于跨国公司的功过。下面主要介绍一下应用主张二和应用主张三。

应用主张二:对发展中国家工业的投资应该:①要按照比较成

本及其变动依次进行，并从技术差距小、容易转移的技术开始，按次序地进行转移。②要适应发展中国家的需要，依次移植新工业、转让新技术，从而分阶段地促进其经济发展，就是说应该起"教师的作用"。③企业向外扩展应当给当地企业带来积极的波及效果：使当地企业提高劳动生产率，教会并普及技术和经营技能，使当地的企业家能够独立进行新的生产。④在成功地完成了教师的作用后，就应该分阶段地逐步退出（fade-out）。

应用主张三：关于日本向发达国家（美国）的投资：①从比较成本原理角度看，就日本对美国出口逐渐增多的小汽车等产业来说，几乎看不到对美正式进行直接投资有什么正当理由。②如果说有，那也仅限于可以节省运输费、关税及贸易障碍性费用以及其他交易费用等等。③与其如此，还不如由美国企业向日本的小型汽车生产进行投资，日本产业向美国的大型汽车生产进行投资，即互相向对方国家比较优势生产进行投资的所谓"协议性的产业内部交互投资"。不言而喻，这些问题的研讨同日美经济摩擦的现实问题有密切关系。

小岛清的主张既得到了一些学者如小泽辉智等的支持和充实，也遭到了许多怀疑和批评。小岛清主张从国际分工角度研究 FDI，这同以企业发展论或产业组织论为出发点的主流 FDI 理论或跨国公司理论相去甚远。

小岛清的对外投资理论不同于以美国的对外投资为研究对象，偏重于企业垄断优势的解释，他从日本"贸易导向"的产业政策角度对日本的 FDI 进行了分析，因而具有宏观视角。

小岛清理论的进步之处在于，对贸易与直接投资的研究涉及产业层面，相对于以企业为研究对象的垄断优势理论而言前进了一步。他提出投资国与受资国同一产业的企业具有不同的生产函数，形成了比较利润差别，构成双方实物资产、技术水平、劳动力和价格等经济资源的差异，从而双方可以形成更合理的生产要素组合，发挥各自的优势，因此 FDI 的优势是建立在比较优势基础之上的。

这为以后的研究开辟了新的思路。

2. 边际产业扩张论与国际产业转移

东亚区域产业转移是国际产业转移最典型的代表，而"雁行模式"一直被认为是对东亚区域产业转移很好的解释。事实上，现在人们谈到的"雁行模式"，特别是在谈到东亚发展模式中存在的以日本为"第一雁阵"、NIEs 为"第二雁阵"、ASEAN 为"第三雁阵"的雁行发展形态，实际上已经不是赤松要的"雁行模式"，而是小岛清将赤松要的理论和弗农的理论综合后提出的所谓的"追赶型产业周期论"的新"雁行模式"。如果说，赤松要的"雁行模式"主要是描绘了日本和其他后发工业国产业发展的路径，那么小岛清的"雁行模式"的重点则是描绘以海外直接投资为表现形式的产业转移的轨迹，以及由此在产业转移和被转移国形成的先后继起的产业发展形态。

小岛清"雁行模式"的核心是边际产业扩张。他认为这是日本对外直接投资的原则，即投资国向海外转移的应该是投资国国内已经失去比较优势，而在投资对象国却具有或潜在具有比较优势的产业。

小岛清理论对于国际产业转移问题的研究，有两点意义（陈建军，2002）。

第一，为日本对外投资，或者说为日本的向外进行产业转移方式辩护。20 世纪 60～70 年代日本的 FDI，包括技术转移，主要集中在一些低技术的劳动密集型产业，向外转移的企业也大多是一些中小企业。这和欧美国家主要由大型跨国公司实行的对外投资活动形成鲜明的对比。小岛清用他的模型是想说明，日本式的对外投资和产业转移其实更有利于在投资国和投资对象国间获得"双赢"效果。

第二，借此说明东亚雁行模式的机理。比如，日本通过向亚洲NIEs 的 FDI 和技术转移，把在日本因经济发展、劳动力成本增加而失去的比较优势的劳动密集型产业转移到亚洲 NIEs，可以因此促进日本的产业高度化，同时促进亚洲 NIEs 相关产业竞争力的增强和经济发展。而亚洲 NIEs 的经济发展到一定阶段后，又可以重复日本当初的行为，将失去了比较优势的产业转移到东盟国家，进而推动亚洲 NIEs 和 ASEAN 的产业结构调整和经济发展，于是在日本、NIEs、ASEAN 之间形成一种雁行发展的形态。

4.4.2 国家层面的国际产业转移分析

无论是投资方面的相关理论还是下一部分将要提到的新经济地理学的分析，基本都是以企业或产业为研究重点。虽然企业是国际产业转移行为的具体实施者，但企业的微观决策带来的国际产业转移却会产生显著的宏观影响。国际产业转移的一个显著后果是改变国内产业结构，进而改变国际生产布局。对于这样的改变，主权国家不会置之不理，而会积极采取行动，让这种国际分工朝着对本国有利的方向发展。因而，国家对国际产业转移的影响作用不容小觑。

世界经济运作的方式取决于市场和国家政策，特别是强大国家的政策：市场和经济力量单独无法解释全球经济的结构和运作。各国的政治雄心和角逐之间的相互影响，包括它们在合作方面的努力，确立了市场和经济力量在其中运作的政治关系框架。国家（特别是大国）制定了每个企业家和跨国公司必须遵循的规章，这些规章一般反映了占主导地位的国家及其公民的政治利益和经济利益。但是，经济和技术的力量也会影响各国的政策和利益以及各国间的政治关系。事实上，市场也是决定经济和政治事务的一种强大力量。就此而言，经济学和政治学的关系是互动的（吉尔平，2003）。

在国际产业转移问题的研究中，国家的重要性不仅在于它是拥有一定要素禀赋的空间，更重要的是它是拥有自主决策的政府的一种制度形式。虽然现代经济中每个行为者——不管是公司、利益集团或者别的主体——都想影响经济，但到目前为止，政府及其政策是管理市场的规则和制度的最重要决定要素。尽管经济活动日益全球化，但大多数经济活动仍在各国国内进行。每个国家制定决定商品和其他要素流入及流出本国的规则，政府通过法律、政策和对经济的不断干预，试图操纵和影响市场，使本国公民得益于市场，并且增进国家的利益。每个国家（有的国家比别的国家更加强烈）总想利用自己的权力来影响市场的结果（吉尔平，2003）。

在世界经济中，由于国家间"优序"的存在，竞争力强的国家往往在国际事务中占据优势甚至拥有霸权，竞争力弱的国家却可能面临日益边缘化的命运。正如波特（1990）在《国家竞争优势》一书中所讲：国家的竞争优势就是企业、产业的竞争优势。为了在国际竞争中立于不败之地，各国纷纷采取措施，制定相应的政策和制度，帮助本国的企业、产业提高竞争力。

在企业、产业竞争优势的打造过程中，技术创新起到关键的作用，先进的技术与企业、产业的竞争优势往往具有一种正相关关系。因而，技术创新的日渐重要使每个国家的政府都强烈关注本国经济中的技术实力，并且促使"技术民族主义"脱颖而出——各国政府都在努力防止本国最重要技术的扩散（吉尔平，2003）。与此同时，却又积极引进国外的先进技术。

在国际经济活动中，国家的一个重要目标是确保拥有重要的核心区域和一流的工业。领先是非常重要的。因而落后的国家往往试图通过补贴本国企业、设立保护壁垒等产业政策和贸易政策，来赶超经济先进国家，每个国家都希望有核心区域，因为这种区域是与高工资、经济权力和国家独立息息相关的。几乎每一个政府都会自觉地努力设立壁垒来保护其现有的企业或采取鼓励措施吸引新企业。经济民族主义政策想尽可能地使向心力和离心力都能为本国的利益服务，按照本国的利益重新安排工业和其他经济活动。

因而，对于产业输出国来讲，如果政府具有强烈的"技术民族主义"情结，可能会通过立法和政策手段保护技术的先进性，进而限制产业向国外转移的活动。对于那些关系国家安全或国计民生的产业，各国政府会努力采取各种战略贸易手段帮助公司在世界市场建立多头垄断或寡头垄断的地位，从而影响世界工业布局。落后国家为了取得先进的技术，可能采取"以市场换技术"的做法，将先进的技术吸引到国内，通过"干中学"（learning by doing）等方式，提高本国的产业竞争力。面对各种贸易壁垒，企业采取直接投资设厂等方式抵消其不良影响，从而用国际产业转移来替代国际贸易。

4.5 空间视角的国际产业转移一般模型

在缺乏完整、成体系的国际产业转移专门理论的情况下，人们借用国际贸易、对外投资的相关理论，来解释说明特定的国际产业转移现象。20世纪90年代，区域经济学领域的专家和国际经济学领域的专家联起手来，开创了一个可以解释经济活动跨空间分布的新领域——这就是克鲁格曼提出的新经济地理学（NEG理论）。

NEG理论新在哪里？显然不是地理学所谓新的文化转向。所谓的"新"，首先是关注宏观经济问题（对西方经济地理学是新的），其次是采用马歇尔传统（对东方经济地理学是新的）。

实际上，新经济地理学牢固地扎根于国际经济学、现代国际贸易和经济发展理论，并在这些理论基础上加入了经济活动的选址决策。1933年，瑞典经济学家伯尔蒂尔·俄林出版了一本名为《地区间贸易和国际贸易》（Interregional and International Trade）的专著。在书中，他强烈倡导区域经济学和现在所谓的国际经济学之间进行更密切的合作，并且认为它们有着共同的研究目标。新经济地理学诞生于国际经济学内部，在很大程度上可以看作是对俄林倡导的回应（虽然来得太迟），正如新经济地理学奠基人保罗·克鲁格曼所描述的，它是"使经济地理复兴为经济学中一个主要领域"的一种尝试。而且，在这种尝试中，运用了主流经济学理论的现代工具来阐明经济活动选址中"谁"、"为什么"和"在哪里"的问题（S.布雷克曼、H.盖瑞森、C.范·马勒惠克，2004）。

新经济地理学的诞生，无疑为研究国际产业转移这一涉及产业跨国界空间变动的复杂现象提供了新的研究视角和有力的研究工具。下面，笔者将介绍来自新经济地理学的国际产业转移一般理论模型。

在世界经济中，贫富不均（inequality）是一种常态。新经济地理学家在对产业集聚或扩散与经济发展关系的研究中，普遍承认这种差别的存在，广泛地采用"中心—外围模式"。随着经济的发展，富裕的、中心的制造业会向贫穷的外围扩散，工业化的浪潮会向其他国家传递。那么什么样的产业先转移出去；产业会最先转移到什么样的国家；产业会同时转移还是依次转移；等等。在不完全竞争、规模收益递增、存在运输费用的前提假设下，新经济地理学家们建立了多个模型来解答上述的问题。

4.5.1 Puga 和 Venables 的三国情况下的产业扩散

Puga 和 Venables（1996）在《产业扩散：经济发展中的空间集聚》一文中发展了 Krugman 和 Venables（1995）共同提出的两国家模型，假设研究对象为三个国家而非两个国家，并分析了工业化从一国扩展到另一国的途径。这篇文章描述了当一个区域增长时，产业如何从一个国家扩散到另一个国家。所有的工业部门最初集聚在一个国家，通过公司间的投入—产出关系联系在一起；增长扩展了工业部门，提高了工业集群国家的工资；在某些地点，公司开始转移，当达到一定规模时，工业开始向其他国家扩散，并提高当地的工资。

这篇文章提供了一个思考工业化进程的基本方法（radical way）。不完全竞争、运输成本和投入—产出结构的相互作用，为企业定位在接近供应和消费地点提供了激励。然后发生了企业集群，即便各国基本结构相同，也只有少数的国家实现了工业化。这些国家具有高工资，但是企业间关联创造的外部性弥补了较高的工资成本。对制成品需求的增加将工业国的工资提高到某一点，一些企业开始选择到新的国家设厂。随后，这个国家工业化开始，并随着前向和后向关联的创造以较快的速率发展，达到一定的工业规模。然后，这个过程可以自我重复，因此随着工业从一国向另一国扩散，工业化呈现出连续的浪潮形态。

从上述过程中，我们可以得到四点启示：

第一，较强的关联将企业更牢固地拴在现有的集聚地，因此推迟了产业扩散，并使产业扩散以比较唐突的方式发生。

第二，劳动密集型产业最先离开，因为它们受工业国相对于世界其他国家的工资增长影响最大。劳动密集型活动的发展使非劳动密集型部门的跟进有利可图，当达到特定的规模时工业化迅速起飞。

第三，当上游产业从现有的产业集群转移出去时，会面临较高的市场进入成本，但并不严重依赖于对提供中间产品投入的供应商的接近。这表明上游产业离开较早，并对拉动后续的下游企业有显著效果。然而，在投入—产出矩阵不同的结构创造需求的例子里，下游产业先转移。

第四，关联较弱的产业从它所靠近的产业获益较少（它们既不向其他产业出售大量的产品，也不在它们生产的中间产品上花费较多的成本）。因此它们最先根据劳动成本的差异重新定位，与其关联较强的产业紧随其后。

4.5.2 FKV 的两国两部门和多国多产业情况下的产业扩散①

FKV 是藤田昌久（Fujita）、克鲁格曼（Krugman）和维纳布尔斯（Venables）三个英文姓氏首字母的缩写，他们三人于 1999 年合著的《空间经济学：城市、区域与国际贸易》（*The Spatial Economy: Cities, Regions, and International Trade*）一书中分析了两国两部门和多国多产业情况下产业扩散的情况。

---

① 本部分的相关模型及详细论述可见藤田昌久、保罗·克鲁格曼、安东尼·J·维纳布尔斯（2005），第 14 章，或其英文原版第 13 章，以及安虎森（2005），第 13 章。

在两国两部门模型中，产业扩散源于中心国工资成本的持续上升，产业扩散的具体过程可以作如下规范描述：假定世界经济中某个区域在初始时有自我强化的生产优势，使该区域较其他区域可以支付较高的工资。但随着时间的推移，世界对工业品的需求增长了，这就扩大了工业区的产出水平，使生产活动更加活跃，在强化产业聚集的同时进一步提高工资水平。这一过程的循环累积，使得区域间的工资差距过大，从而难以维持。此时，对厂商而言在第二个区域设厂进行生产是有利可图的，产业逐渐扩散到该区域。因而，第二区域也开始了自我强化的优势累积，而后也出现了高工资；第三个区域也开始了自我强化的优势累积，而后也出现了高工资。随后，第三个区域经历了同样的过程，如此等等。产业扩散不仅对第三世界的迅速增长提供了可能的解释，而且还可以说明在特定时期内，为什么某些发展中国家实现了经济腾飞，而另一些发展中国家却止步不前等现象。

在考虑多国多产业的情况下，他们通过对 5 国 7 产业的模型进行模拟分析，考察了劳动密集度、前后向联系、上下游产业等方面，并得出了很直观的结论：

（1）产业由一个中心国向多个外围国扩散时，一般是依次扩散的（首先向先得到初始优势的国家扩散）。

（2）劳动密集度高的产业首先转移，因为劳动密集使用，所以此类产业对工资差距较为敏感，因而最先从中心国扩散出去。

（3）消费指向的产业首先从聚集体转移出去。

（4）中间品投入少的产业首先转移。

（5）世界经济增长过程并非一个平滑的收敛过程，可以分为富国俱乐部和穷国俱乐部发展模式，发展则是各个国家依次由一个俱乐部向另一个俱乐部过渡的过程。

（6）当不同产业的特征各不相同时，不同国家的经济发展都有生命周期，即发展过程中常依赖某种产业的发展，而后把这些产业转移给后来者，自身转向更广阔的发展空间。

　　产业扩散具有一定的规律。首先，多国情况下，产业由某个中心国向其他外围国扩散，但并非同时扩散，而是依次扩散。至于最先向哪类外围国家扩散，则可能取决于某些外围国因外生偶然因素而获得的初始工业化优势。一旦获得初始发展优势，这些外围国就可以迅速吸纳从中心国转移出来的所谓"夕阳产业"，逐渐打造自身的工业基础，并迅速超越不具备初始发展优势的外围国家，实现经济腾飞。其次，多产业情况下，因各产业的劳动要素密集度以及投入—产出结构等特征的不同，产业扩散的先后顺序也不尽相同。具体而言，遵循以下路径：第一，劳动密集度高的产业首先从聚集体扩散出去；第二，消费指向的产业首先从聚集体扩散出去；第三，中间投入较少的产业首先从聚集体扩散出去。一句话，对工资成本比较敏感以及关联度较弱的产业对聚集体的依赖程度最弱，因此会最先扩散出去。

　　在世界经济中，经济增长的阶段并不是所有国家都整齐划一的；相反，有些是富国，有些是穷国。发展就是各国依次相对快速地实现从穷国俱乐部到富国俱乐部的跳跃。各国发展的典型模式都是先生产某些产品，然后再把这些产业让渡给紧随其后的国家而向"高级产业"（upscale）转移。

　　关于上述的模型，正如 Puga 和 Venables（1996）在文章中所说：所描述的这个过程是从工业化发展的许多重要方面提炼出来的。没有资本积累（真实的和人力的），没有政府，没有国际技术差异，采用的模型框架也非常简单（比如，企业被建模为单个的工厂活动，因此不考虑跨国活动和外国直接投资）。然而，他们认为这种方法提出了一些新的见解：它解释了新兴工业化经济体的快速"起飞"（take-off），强调了工业化中产业结构可能改变。工业化过程的速度，以及哪些产业首先重新定位，都是由建立在产业前后向关联程度以及它们的要素密集程度之上的投入—产出结构决定的。

　　实际上，FKV 也并不相信这个模型体现了现代经济发展中的所有甚至大部分的驱动力。然而，这些模型确实说明，采用地理方法可以从非常简单的基本假设中导出一些非常复杂却富有启示的行为模式。正因为如此，批评者常说："新经济地理学"里面没有"theory"，也没有"law"，只有"model"。

4.6　国际产业转移实证研究框架

4.6.1　研究思路

国际产业转移问题包含产品、企业、产业、国家、区域/国际多个层面，拥有国际贸易、国际投资、国际技术扩散（转移）多种渠道，涉及产业组织、国际贸易、国际商务、新经济地理等多个领域，并且具有时间和空间的双重维度。因而，对其进行实证研究，难度可想而知。

研究目的的不同，实证研究的重点也就不同。按照国际产业转移发生的过程，可能涉及以下几个方面的实证研究。

1. 国际产业转移的动因

由于国际产业转移包含多个层面，在考察国际产业转移的动因时，也要考虑到这些层面。

（1）产品层面。如果以产品为起点，国际产业转移的动因自然而然会涉及技术的变革。产品随着技术的进步由简单到复杂不断升级，自行车和汽车产业发生国际产业转移的原因肯定不同。因而以产品为起点研究国际产业转移的动因时，主要应考虑产品的技术差异，如要素密集度等。

（2）企业层面。如果以企业为起点，国际产业转移是企业生产区位由国内转变到国外带来的结果，国际产业转移的动机与企业生产区位变动的动机联系紧密，这种动机可以通过问卷调查的方式知晓。

（3）产业层面。如果以产业为起点，国际产业转移与各国产业结构的差别及其变化密切相关，产业级差、重合产业的存在，都是可能引发国际产业转移的重要原因。

（4）国家层面。如果以国家为起点，要素禀赋（尤其是不可自由流动的要素禀赋）的差异，是国际产业转移的一个重要原因。但国家对国际产业转移的影响，更重要的方面还是在于政府政策、法规的导向作用。

（5）区域/国际层面。区域/国际的变化显然会对国际产业转移这种国际经济活动产生一定的影响。如国际范围内的战争、殖民活动、经济全球化、区域经济一体化等。

2. 国际产业转移的展开

国际产业转移以何种产业、规模、方向展开，这是国际产业过程实证所涉及的主要内容。

哪些产业发生了转移，往往需要从历史的回顾中寻找答案；产业转移的规模可以从相关产业的投资变化中看出；转移的方向，主要看投资或贸易区位的变化。

3. 国际产业转移的影响

国际产业转移对输出国和输入国的影响可分为正负两方面。输出国由于害怕国内产业出现"空心化"，往往会采取一定的限制或补救措施。而输入国为了抓住国际产业转移的机遇，促进国内产业的升级，往往也持比较积极主动的态度。国际产业转移的效果不仅局限于参与转移的相关国家和产业，而且会影响到相关国家和关联产业，从而会在一定程度上改变区域或国际分工，因而其影响具有外溢效应。

4.6.2　相关考察指标或因素

由上面的分析可知，国际产业转移实证研究主要集中于动因、展开和影响三个方面。基于三个主要的研究目的，可考察的指标主要涉及贸易、投资、产业、区位这几个方面。

1. 劳动力价格、素质——国际产业转移的动因

劳动力的价格，也就是工资水平的高低，是国际产业转移中考虑的一个重要因素。劳动力素质主要体现在受教育程度方面，劳动力素质的高低对新技术的研发、承接技术的吸收和改造都有重要的影响。各经济体各产业就业人数占总就业人数的比重、各国相互比较的各产业就业人数的相对变化，也能从一定侧面反映出产业结构的变化。

2. 显示性比较优势指数——国际产业转移的动因

什么样的产业会发生国际转移，以及这种转移是否能够持续，主要涉及产业优势的比较。显示性比较优势指数是国际贸易领域常用的一个指标，通过考察以国际贸易数据计算的显示性比较优势指数的变化，可以发现比较优势的变化、比较优势的均衡，且可以衡量各个经济体的产业竞争与互补关系。

3. 各国产业结构的变化——国际产业转移的动因

比较各国产业结构的状况、主导产业的状况、产业发展阶段，可以发现各国所处的发展阶段，也可以观察到重合产业的存在。

4. 国际贸易结构、方向、政策的变化——国际产业转移的展开

国际贸易结构和方向、政策的变化，可以帮助我们认识到国际分工的转变。

5. FDI 的国家、产业投向及数额的变化——国际产业转移的展开

FDI 的国家、产业投向及数额的变化，可以帮助我们认识到资金来源与产业的投向关联情况。

6. 基尼系数——国际产业转移的影响

基尼系数主要反映的是产业生产区位及生产集中度的变化，以GDP 衡量或增加值衡量的基尼系数可以反映产业空间分布的变化。

7. 投入—产出的衡量——国际产业转移的影响

投入—产出方面的分析，可以很好地反映产业关联度的变化，国际投入—产出表的相关数据可以反映各国产业间关联程度的变化。

小　　结

虽然国际产业转移是一个尴尬的研究领域，但从对国际产业转移浪潮的回顾来看，它又是一种确实存在的重要现象。那么，为什么西方学者对于这种现象没有系统的研究呢？这与新古典经济学的研究传统有关。众所周知，新古典经济学以静态分析见长，因而也就缺乏一个分析和理解经济变化和全球经济动因的概念框架。1977年，迪克西特和斯蒂格利茨建立了 Dixit – Stiglitz 垄断竞争模型。这个模型为很多经济领域的研究提供了崭新的工具，扫除了经济理论前进道路上的技术障碍，由此，掀起了经济学研究中的收益递增和不完全竞争的革命。

　　新理论的出现为国际产业转移问题的研究提供了新的视角和新的工具。本章致力于构建国际产业转移研究的理论及实证框架。在理论框架构建中，笔者抽象出两种现象（优序和周期）、三种力量（推力、拉力、阻力）、五个层面（产品、企业、产业、国家、区域/国际），并强调技术创新的作用。在国际产业转移所涉及的层面和所依赖的渠道中"优序"和"周期"普遍存在，产品之间、企业之间、产业之间、国家之间和技术之间都有先进与落后之分，而且产品、企业、产业、技术、贸易、投资等都存在着一定的周期变化。因而国际产业转移的产生、发展和变化必然与这些"优序"和"周期"密切相关。而作为一种空间的现象，影响国际产业转移的因素中，无论是经济还是非经济的因素，无外乎推力、拉力、阻力三类。在实证框架的构建中，笔者强调分析可按五个层面展开，并简要列举了相关指标。

　　本章尤为强调来自空间经济学的相关理论及模型，笔者认为空间经济学的方法是国际产业转移问题研究的有效工具，从空间经济学的视角探讨国际产业转移问题更为深刻。

第5章 东亚区域产业转移演进动因

　　在第2章，笔者对东亚区域产业转移的形成及演进进行了详细的回顾，发现第二次世界大战后至今，东亚区域在日本自身产业结构调整的带动下呈现出从产业整体转移到生产环节或工序分割转移的显著变化。

　　在第3章，笔者对更为一般的国际产业转移的相关研究进行回顾后，将国际产业转移的本质界定为：一种具有时间和空间双重维度的经济现象；另一种是新质的经济运动过程，其在时间上表现为历时与共时兼容，其在空间上表现为生产区位的跨国界变动；是产业扩散的动态过程，而这一运动过程与技术创新密切相关。

　　东亚区域产业转移是国际产业转移的一个典型代表，既具有国际产业转移的一般性，又具有其自身的独特性。笔者将运用第4章中提炼出来的以技术创新为主线的分析思路，从产品、企业、产业、国家、区域/国际五个层面，结合贸易和投资两个主要媒介，分析影响东亚区域产业转移的三种主要力量：推力、拉力和阻力，从而探寻东亚区域生产区位分层次、有规律变化的相关动因，展望其未来发展的方向。

5.1 东亚区域产业转移演进动因：理论分析

　　东亚区域产业转移的现象一直受到众多领域学者的重视。如前所述，相关研究主要围绕东亚区域处于不同生产层级的经济体的工业化进程、产业升级以及整个区域的发展模式等方面展开。虽然对于国际产业转移的研究一般都以东亚作为典型的代表，但必须说明的是：东亚区域产业转移的发展具有独特的历史背景，历史的不可重复，导致了东亚产业转移的特殊性及非普适性，但这并不代表我们不能建立一个具有普适性的框架来分析它。本书所要研究的不只是"是什么、怎么样"，还包括"为什么这样、将会怎样"等内容。下面利用上一章抽象出来的产品、企业、产业、国家、区域/国际由小到大五个层面分析东亚区域产业转移的发展变化。需特别强调的是这些层面中"优序"和"周期"的广泛存在，以及创新的重要作用。当然这五个层面并不是完全割裂开来的，而是存在密切的联系。

5.1.1 产品层面的考察

产品是本章分析的最小的层次，通过对产品本身及其发展变化特点的分析，探寻东亚区域产业转移演进的某些原因。

第一，产品存在由简单到复杂的发展规律。产品自身的发展变化呈现出高级化规律，赤松要（1961）曾将其归结为两类：一类是产业内产品周期（the "intra-industry" product cycle），如从棉制品到毛制品再到合成材料制品；另一类是产业间产品周期（the "inter-industry" product cycle），如从纺织到钢铁、造船、汽车和计算机。东亚区域产业转移中，产业内呈现出从棉制品到毛制品再到合成材料制品的转移，产业间呈现出从劳动密集度高的服装、鞋帽，转移到资本含量较高的钢铁、化工，再向技术含量较高的汽车、电子，进而向知识含量较高的 IT 类产品转移的明显规律。

第二，产品周期[①]的存在及产品不完整程度的变化。前面曾多次提到产品周期的存在，并指出当产品进入标准化阶段，即开始向外转移生产。而随着市场竞争的加剧，产品推陈出新速度加快，产品周期大为缩短，各个阶段的界限也变得模糊。产品周期的这种变

① 此处的产品周期指的是弗农提出产品周期理论中产品周期。

化一方面使原料、部件和零件来源的远近变得非常重要，另一方面使生产链的整体转移日益向拆分的工序性转移转变。

东亚区域产业转移的事实也的确如此，起初从较为简单的纺织品生产的整体转移，发展到汽车生产的模块转移，再到计算机生产的工序转移。托马斯·弗里德曼（2006）在他的畅销书《世界是平的》里面，描述了戴尔笔记本的零部件生产：这些零部件都来自哪里呢？常用的 30 个零部件，戴尔选用的供应商的数量是零部件种类的若干倍。这样，如果一个供应商出了问题，戴尔也不会因此陷入困境。我的电脑的供应商是：美国英特尔公司设在菲律宾或哥斯达黎加、马来西亚或中国的工厂生产的微处理器；韩国、日本、中国台湾或德国生产的内存；中国大陆或中国台湾生产的显卡；中国台湾生产的风扇；主板由韩国或中国台湾在上海开办的工厂或是中国台湾当地企业制造；键盘或者是由日本在中国天津开办的工厂生产，或者是由中国台湾在深圳的工厂生产；液晶显示器由韩国、日本或中国台湾制造；无线网卡或者是由美国在中国或马来西亚的工厂制造，或者是由中国台湾在当地和大陆的工厂制造；调制解调器由中国台湾地区在中国大陆开办的公司或中国大陆当地的公司制造；电池来自日本或韩国或中国台湾设在墨西哥或马来西亚的工厂；硬盘由美国在新加坡的工厂或日本在泰国、菲律宾的工厂制造；光驱很有可能来自韩国在印度尼西亚和菲律宾的工厂，或者来自日本在中国、印度尼西亚或马来西亚的工厂；电脑包是由爱尔兰或美国在中国的公司制作；电源适配器或者是由泰国生产，或者是由中国台湾、韩国或美国在中国大陆的工厂制造；电源线是由英国在中国、马来西亚和印度的工厂制造；最后，可移动内存棒是以色列制造的，或者是由美国公司在马来西亚的工厂生产。

从这个例子可以看出：不同的经济体生产和出口比以前更"不完整"（incomplete）的产品，并且生产过程越复杂的产品"不完整"的程度就越高（Shigehisa Kasahara，2004）。而产品的"不完整"程度的提高，也成为细分的产业转移盛行的原因之一。

第三，新产品生产周期的存在。托马斯·弗里德曼（2006）提
到：每种新产品——从软件到小饰品——都要经过一个生产周期，
包括基本研究、应用研究、孵化期、开发测试、生产、应用、技术
支持和后续设计等。生产周期的不同阶段，可能被转移到不同的国
家。由图 5.1 可见，日本制造部门将基础和应用研究、研发保留在
日本国内进行，而将零部件制造和装配环节转移到中国和东盟国家。

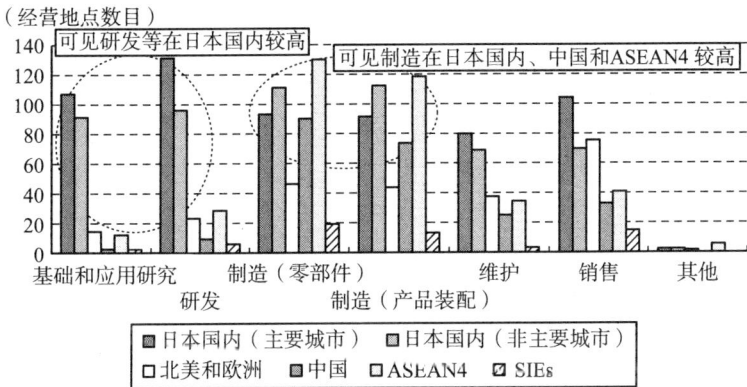

图 5.1 日本制造部门国际商务网络发展（目前）

资料来源：转引自 METI white paper overview（2006）：133. Figure 2. 2. 3。

第四，中间产品投入与产品附加值。理论家们认为，许多最终
产品包含的附加值很少（大量的中间部件来自国外）（Rasiah,
1998；UNCTAD，2002）；附加值少的一个重要原因就是实施企业
内转移定价（intra-firm transfer pricing）。在目前东亚区域的工序型
产业转移中，像中国这样承接大量最终组装环节转移的国家，虽然
出口大量的最终产品，由于所含产品附加值较低，所以并未大量
获益。

5.1.2 企业层面的考察

企业是生产活动的具体执行者，是贸易、投资行为的实施者，

与产品一样是考察东亚区域产业转移的演进动因的微观（Micro）主体。

第一，企业组织形式的变化。"二战"后，企业组织形式最明显的变化就是跨国公司的蓬勃发展。根据邓宁（1977）所言，一个公司要成为跨国公司，需要满足三个条件。这三个条件被称作OLI：所有权优势（Ownership Advantage）、区位优势（Location Advantage）和内部化优势（Internalization Advantage）。并非所有类型的厂商都能成为跨国公司，跨国公司应具有以下四个特征：①集中在工业部门，其特点是具有较高的研发（R&D）与销售额比率；②具有较高价值的无形资产；③通常与技术先进、差异性新产品有关；④通常具有相对较久的历史，在行业部门中规模较大（马库森，1995）。跨国公司有两种类型，一种是水平跨国公司（horizontal multinational enterprises，horizontal MNE）；另一种是垂直跨国公司（vertical multinational enterprises，vertical MNE）。一个水平跨国公司是指这样的企业，它在国外开办工厂生产与国内工厂同样的产品；而垂直跨国公司是指生产的不同阶段在不同的国家进行（梁琦，2004）。

跨国公司的发展使原来的企业间分工变为跨国公司内部分工。跨国公司将产业链的各个环节拆分，在全球范围内组织生产，随之而来的产业链中的某个环节的转移越来越普遍，产业链转移从"简单的组装——复杂的组装——零部件制造——主机和关键零部件制造——零部件研发——最终产品研发"逐步升级，甚至成为"虚拟制造"，即制造业公司只控制产品设计、关键技术或者品牌、营销系统，而将产品的实际生产转移到其他国家、地区（芮明杰，2005）。

在东亚，像日本的日立、松下这样的大电器公司纷纷在东南亚设立子公司或在当地合资设厂生产一些零部件，产品的关键部分则在日本本土生产，然后运到东南亚各国的子公司进行装配，并就地销售。这样做的好处是：既利用了其他国家廉价的资源和劳动力，又保证了原材料的供应，结果促进了全球的商品生产和流通。这种以提高生产效率和降低成本为目的分工，被称为工序型革新（process-innovation）。在东亚的主导产业机电工业上，由于除日本以外的大多数东亚国家和地区的企业缺乏产品创新的技术开发能力，因而只能接受跨国公司的委托加工，进口关键零部件进行组装或者仿制在发达国家已经换代的产品。结果往往是生产和出口越多，从日本进口的中间投入品和设备也就越多，对日贸易逆差就越大，被动地参与到日本组织的区域生产体系中。

意大利裔日本学者吉安尼·福德拉杜撰了一个乏味的表述——"组织物件"（Orgware），以代表日本企业在组织结构方面的做法，类似于软件和硬件的表述。此术语不仅包括系列在内，更为重要的是包括普遍意义上的企业在组织方面的做法。就定义而言，组织物件由机构、规章制度及公司的行为组成，并且包括贷款机构借贷利率之间范围很小的利差、零部件准时配送、终生雇佣、质量控制和其他生产方法周期，尤其是引进产品和生产工艺变革的自下而上的序列（ringi）方法，而不是自上而下的管理方法等（金德尔伯格，2003）。

第二，企业组织生产方式的变化。20 世纪 80 年代以来，信息的发展催生了企业组织结构和经营模式的变革，外包、归核（聚焦）成为企业发展中的两个主要潮流，柔性的生产方式日益得到推广（徐宏玲，2006）。

正如中国台湾学者李仁芳所说：创新不仅仅体现在技术方面，比如日本，我们都同意汽车绝非日本的发明，但丰田开发出的"精益生产"（Lean Production）绝对是日本的创新，而且是在追随模仿福特、克莱斯勒、沃尔沃的同时积极创新。录放机并非日本的发明，但索尼开发出的"轻薄短小"（miniaturization）的制造技术绝对是日本的创新。同样的角度看中国台湾的产业：PC 并非台湾的发明，但"制造运筹"（manugistics）却是台湾的创新。IC 当然也不是台湾的发明，但虚拟晶圆厂（virtual lab）却是台湾的创新。

经济最强势的国家，其管理模式并不一定是最先进的。日本作为一个后发工业国，虽不像美国那样在原创性技术上占据绝对优势，但其具有毫不倦怠的改进和精练的精神。日本企业引进外国先进技术后，不只是简单地模仿，而是注重吸收，在运用过程中，结合自身情况进行大量的改进。这种改进不仅体现在技术上，也体现在生产组织方式上。日本丰田公司开创的"丰田生产体系"（TPS）下的"柔性或精益生产"方式，在与汽车技术原创国美国的"福特制"的较量中，体现出企业生产组织方式创新上的优势。

日本用"即时零件交付"（"Just-in-time"）代替了"按需生产存货"（"Just-in-case"），创新所谓的"柔性或精益生产"，赶上了美国式以装配为基础的生产，在相对较小的国内市场中建立了有效率的汽车工业赶超模式。这种柔性生产严重依赖沿着连续生产过程流向的零件、配件和部件（PACs）供应商的合作团体，PACs广泛的外包而不是自己生产。换言之，生产垂直一体化阶段在最终装配商和它们的供应商，以及不同层次的供应商之间被"分割"。

正如罗伯特·吉尔平（2003）描述的那样：从20世纪70年代起，日本公司主要由于实施精益生产的方法，在一个又一个工业部门夺得了国际领导权。与精益生产相关的各种方法——引进质量周期制、依赖节约资源的适时库存制以及计算机自动生产——成为日本生产工序中的关键部分。由日本丰田公司首先采用，与技术革命和组织革命相关的这些极为有效的方法在整个日本工业中迅速普及。后来，这些方法传播到其他国家，但是日本工业由于能够维持生产成本低、产品质量高以及比竞争对手更快地改变产品配方，所以在许多高科技部门的制造业中绝对领先。事实上，日本在制造工艺而不是产品创新上的优势一直是出口取得突出业绩的关键。虽然日本许多出口业绩最好的产品是美国发明的，但日本在大量、低成本和高质量地制造这些产品方面十分成功。

由于精益生产的使用，分散化在日本以装配为基础的工业中较为显著。然而，日本不能把整个分散化生产过程的各个部门都留在国内。日本快速提升的劳动成本，加之主要装配商的海外转移，迫使供应商特别是生产劳动相对密集的 PACs 的供应商，将生产转移到劳动价格相对低廉的邻国。因此，分散化本身促进了这种分割生产过程的移植（Ozawa，2002a），具有规模经济效益、装配日本产零部件的"螺丝刀工厂"（screw-driver factories）（金德尔伯格，2003）在东亚盛行。

关于这种分割生产过程中各方的收益情况，从对分割生产的一种典型形式"模块化"生产进行分析的"微笑曲线"① 图解中可见一斑。图 5.2 中，贯穿整个生产过程的等利润曲线呈现出嘴角上翘

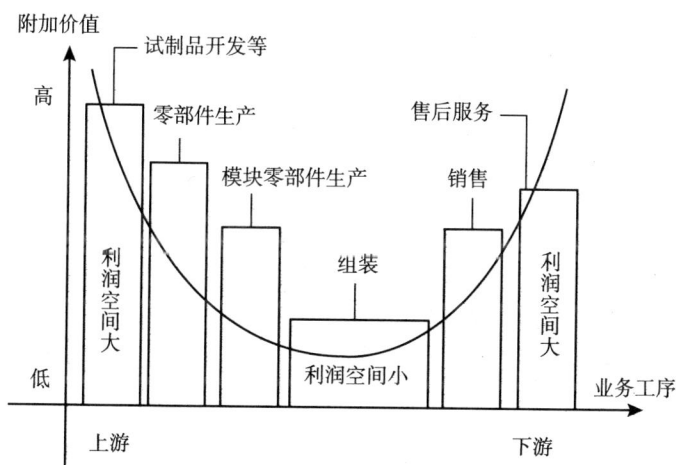

图 5.2 "微笑曲线"示意

资料来源：关志雄（2002），http：//www.rieti.go.jp/users/kan-si-yu/cn/c020816.html。

————————————

① 所谓"微笑曲线"据说最早由台湾宏基集团董事长施振荣用来描述生产个人电脑的各个工序的附加价值特征。如果用图表示制造工序流程中的附加价值，就好似微笑的嘴型，因此被称为"微笑曲线"。在个人电脑方面，上游的办公系统（OS）和微处理器（MPU）与下游的售后服务等工序附加价值较高，而中游的组装工序利润空间变得最小。个人电脑的组装部分，或者其他产业中的加工过程，这些劳动密集型工序由于模块化作业的标准化以及竞争加剧等原因，收益率已经下降。换言之，通过模块化，赚钱的部分和不赚钱的部分以"微笑曲线"形式表现得非常明显（关志雄，2002）。

的"微笑"形状，不同的生产工序所能获得的附加值不尽相同，因而在实践中发达国家的企业总是占据和控制附加值较高的业务工序，而将利润空间较小的业务工序尤其是组装等工序转移到发展中国家。

第三，企业规模的大小。在东亚各个层次的工业化进程中，对企业规模表现出不同的偏好，日本和韩国的发展主要依赖大企业，而中国台湾则较多地仰仗中小企业。随着知识经济时代的到来，企业规模差异也带来的竞争力的明显差别。

人们常把日本称为"信息社会"，日本企业也以善于收集各种信息而闻名，但具有讽刺意味的是，在信息革命中日本企业在与美国企业的竞争中严重落伍（高柏，2004），产业结构调整裹足不前，仍然停留在制造业狭隘的领域中作有限的技术改进。

正如张捷（1999）所述：日本为何难以像美国那样实现经济结构的转型？关键在于日本的经济体制长于制造业而拙于知识经济。

作为知识经济时代主导产业的信息产业，其技术经济体系与制造业相比有以下特点：①作为生产要素的知识和信息不同于一般商品和资本，它们具有非同质的（同质信息量为零）个性化特征，与制造业的批量化大生产相比，知识信息产业实行的敏捷生产，强调的是分散化、网络化和虚拟化；②知识信息产业的技术进步更多地具有非连续性特征，属于 R（Revolution，革命）型的技术创新，这种创新在技术和市场前景上均有很高的不确定性，失败的风险很高。

由于这些特点，知识信息产业的发展更需要的是个人创造力而不是集体主义文化，更多的是由富于进取心的独立中小企业作为排头兵而不是由大企业来开拓新领域，因为大企业在该领域的试错成本远远高于中小企业。因此，惯于集体行动和把人力资本开发锁定在某一方向上的日本型体制在发展信息产业（尤其是软件产业）上是低效的，而富于个人想象力的美国型风险企业却在该领域中独领风骚。在日本的现行体制下，优秀人才都被锁进了大企业中，资金配置也向大企业倾斜，风险企业创业所需的风险资本市场、技术劳动力市场和经理人员市场均告阙如，使风险企业的成长缺乏必要的制度环境和深厚的文化土壤，难怪日本经济界要感叹日本为何出不了硅谷和比尔·盖茨。

中国台湾地区当其微电子和电脑产业无法从日本获得新技术后，及时把技术获取源转向美国，与美国硅谷的半导体开发和软件开发的风险企业建立了分工关系，结果取得了产业升级的成功。不过，台湾之所以能搭上美国信息产业的"快车"，应该说与台湾以中小企业为主、有利于创新机制成长的市场结构不无关系。

第四，企业是产业转移的最终实施者，因而一般可以通过对企业问卷调查的方式来了解企业进行产业转移的动机。图5.3为日本

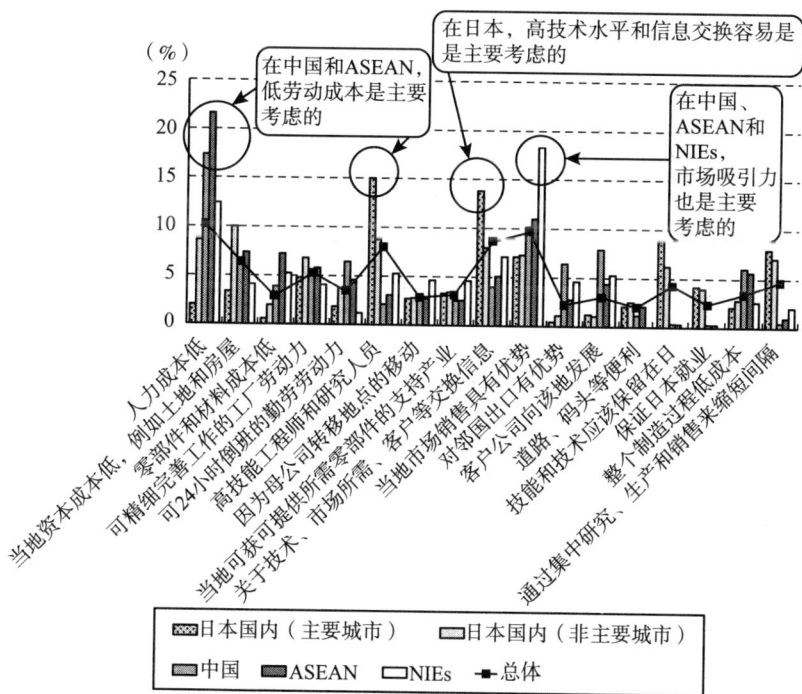

图5.3　日本制造商定位经营活动的主要区位因素：按区域

资料来源：转引自 METI white paper overview（2006）：154. Figure 2.2.21。

制造商定位经营活动所考虑的一些较为重要的区位因素（按区域）：日商将生产定位在日本本土（主要城市），主要是由于技术水平较高和信息交换比较容易；定位于 NIEs，市场吸引力是主要的考虑；而定位于中国和东盟，则一方面出于低劳动成本的考虑，一方面也有市场吸引力的因素。

5.1.3　产业层面的考察

产业作为中观（Meso）层面，是个较为模糊的层次，如前所述，这主要源于产业划分标准的不同。随着分工的细化，产业转移也出现细化的趋势。

第一，产业结构升级及主导产业变化。

产业结构理论在后起的资本主义国家以及经济发展中国家（包括中国）得到相当高的重视，这同样是有着经济发展背景和体制背景的。战后，经济落后国家面临的基本历史任务便是如何实现经济赶超目标，推动经济发展。困扰这些国家的更多的是发展命题，因而存在如何从质态上按照经济历史演进规律提高产业结构高度的艰巨使命，在政策上不能不注意政府如何引导产业结构演变的问题。结构命题与发展命题统一在一起，这便是为何产业结构理论在战后日本等"后发"国家得到长足发展的根本原因（刘伟，1995）。

随着各国产业结构的调整，主导产业不断更替，呈现出一种明确的过程性变化趋势，即由纺织工业、食品工业等轻工业向重化工业再向汽车工业、家用电器工业逐渐转化。发达国家现在则进一步向高技术产业转变。这种变化的内在逻辑可以概括为非耐用消费品产业向原材料产业再向耐用消费品产业的发展，它对应于经济发展过程中需求结构的变化逻辑：维持基本生存的最终需求占主要比重向中间需求再向享受型、发展型（包括投资型）最终需求占优势比重转化，它也对应于技术革命引致的生产要素投入结构的变化逻辑：从资源依赖型和劳动密集型向资本密集型再向技术（知识）密集型转变。

Ozawa（2003）曾详细地描述了日本"二战"后产业结构调整及顺序升级的过程，具体见图5.4。他认为，按照技术水平由低到高的顺序，可以将产业划分为五种类型：第一种是劳动驱动"赫克歇尔—俄林"型产业（Labor-driver "Heckscher-Ohlin" industries）；第二种是规模驱动"无差异斯密"型产业（Scale-driven "indifferentiated Smithian" industries）；第三种是装配驱动"有差异斯密"型产业（Assembly-driven "differentiated Smithian" industries）；第四种是革新驱动"熊彼特"型产业（Innovation-driven "Schumpeterian" industries）；第五种是IT驱动"麦克卢汉"型产业（IT-driven "Mcluham" industries）。其中前三种属于以资源为基础的旧经济范畴，而后两种属于以知识为基础的新经济范畴。随着技术水平的提高，不同类型的产业依次登场，并在空间上形成不同种类的产业集群或集聚。

如上所述，"二战"后，日本一直坚持不断调整产业结构。日本的成功在于它鼓励发展有希望的产业，并关闭走向衰败的产业（或者将其转移到亚洲大陆上）（福德拉，1991；转引自金德尔伯格，2003）。

第二，产业创新。产业领域也遵循类似的周期发展变化，起初是模仿和适应新出现的情况，然后再加以创新。

2008年诺贝尔经济学奖得主Paul Krugman（1994）曾对东亚奇迹进行过考察，形容东亚经济体靠的是"流汗"而不是"灵感"（perspiration rather than inspiration），认为东亚的快速增长靠的是"投入驱动"，而不是全要素生产率（TPF）驱动，点明东亚经济体向来忽略创新研发能力。

东亚的情况也在发生变化，随着知识经济时代的到来，创新能力日益受到重视，其中中国台湾的表现较为突出。在过去的10年里，中国台湾已经成长为继美国、日本之后的世界第三大信息技术硬件生产者（托马斯·弗里德曼，2006）。

结构升级过程

顺序赶超发展

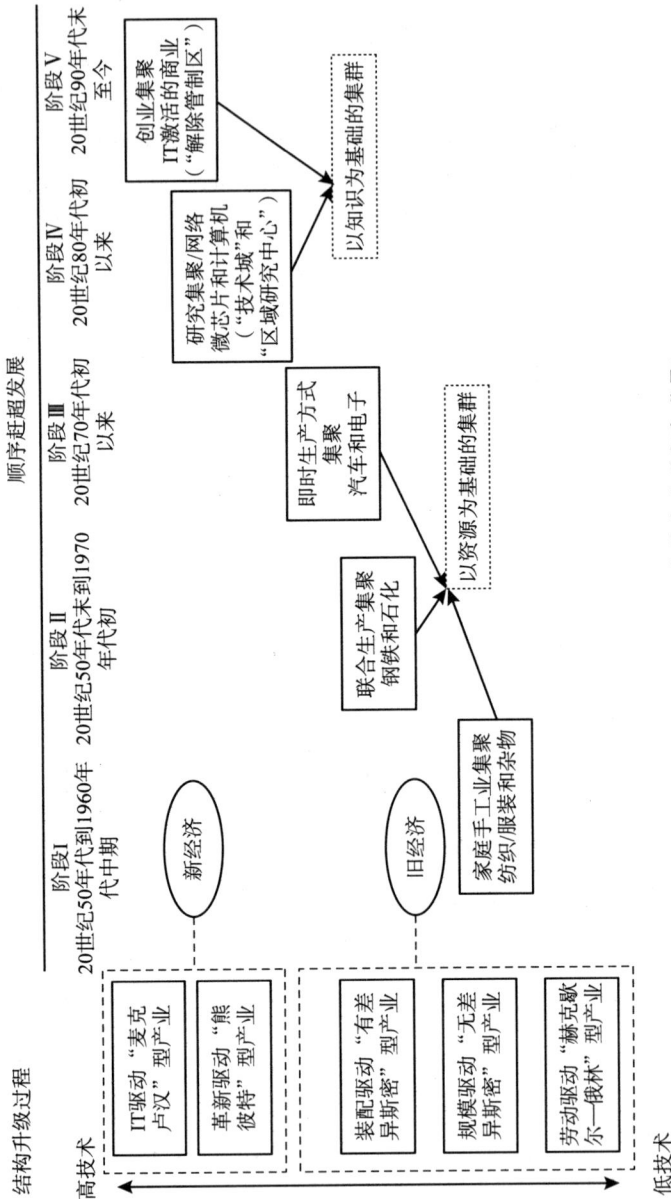

图5.4　日本的产业升级与集聚

资料来源：Ozawa（2003b）。

阶段I
20世纪50年代到1960年代中期

阶段II
20世纪50年代末到1970年代初

阶段III
20世纪70年代初以来

阶段IV
20世纪80年代初以来

阶段V
20世纪90年代末至今

新经济

旧经济

高技术

低技术

IT驱动"麦克卢汉"型产业

革新驱动"熊彼特"型产业

装配驱动"有差异斯密"型产业

规模驱动"无差异斯密"型产业

劳动驱动"赫克歇尔—俄林"型产业

创业集聚
IT激活的商业
（"解除管制区"）

研究集聚/网络
微芯片和计算机
（"技术城"和
"区域研究中心"）

即时生产方式
集聚
汽车和电子

联合生产集聚
钢铁和石化

家庭手工业集聚
纺织/服装和杂物

以知识为基础的集群

以资源为基础的集群

类似前面提到的"微笑曲线",中国台湾学者又描绘出一条"苦笑曲线",二者相结合说明台湾产业创新的特征,具体见图5.5。按照产业价值链进行分工,不同的部分体现出不同的附加价值:越接近图外围的活动其所能获得的附加值越高,而越接近中心的活动其所能获得的附加价值越低。即从附加值来看:组装制造 < 工业/工程设计 < 产品/元件物流 < 品牌通路和关键零组件,制造 < 设计 < 运筹 < 创新,OEM < ODM < BTO < OBM。

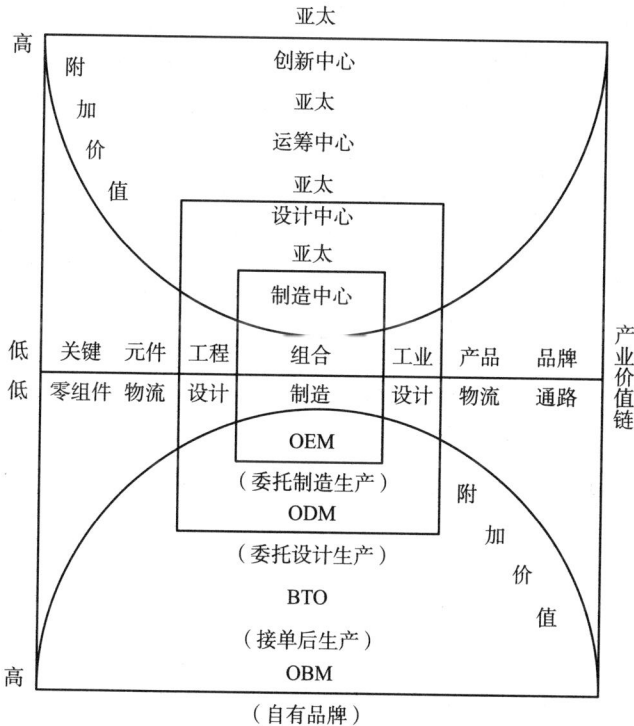

图5.5 台湾产业创新的特征

资料来源:李仁芳. 台湾产业创新阶段的演化:回顾与前瞻,中国台湾政大科技管理研究所李仁芳教授网站 http://tim.nccu.edu.tw/jflee/articles/C44.htm。

的确，"流汗"活动的收益远远低于"灵感"。因而在区域分工中，要实现利益最大化，就要占据较为核心的环节。表现在产业转移和承接上，附加价值低的环节往往最先被转移出去，而附加价值较高的核心环节，一般很少会被转移。从而许多企业只保留最高端的"创新"或"设计"环节，"去工业化"的"虚拟企业"出现。

图 5.6 可以较好地反映前述的产品、企业、产业及下面将提到的国家层面相关变化对产业转移演进的影响。先进国技术进步开发出新产品，产品随着时间的推移呈现出流变期、转化期、明确期的周期变化，同时技术也经历了浮现、整合和成熟的过程，而且产品创新之后，生产过程创新率也逐渐提高。成熟的技术向外扩散，被后进国获取，经过吸收、改善后发展本国的制造业。台湾学者李仁芳以中国台湾为例进一步说明这种演化过程。随着时间的推移，台湾产业创新演化特色：①创新模式经历：制程→交程→系统架构工程设计/人机界面工业设计→全球运筹→关键元件；②创新阶段经历：体力工作→OEM→ODM→BTO→元件创新；③创新场域经历：Factory Floor→In/Out-bound Logistics→Company Lab。

5.1.4　国家层面的考察

第一，"强政府"[①] 及其提供的制度支持。

从制度上分析，东亚经济的崛起依靠的是一种政府主导型发展模式，东亚"强政府"的力量渗透到经济活动的方方面面。尽管笃信"新古典"的世界银行专家万般不情愿，东亚工业化的进程还是促使他们转变观念，在对"东亚奇迹"的相关研究报告中，承认了政府的重要作用。世界银行（1993）指出，高效亚洲经济体（HPAEs）得益于以下因素：①仔细限定的、市场亲善的政府主义；②强出口导向；③国内高储蓄水平；④人力和实际资本的积累；⑤良

---

① 李晓. 东亚奇迹与"强政府"——东亚模式的制度分析［M］. 北京：经济科学出版社，1996.

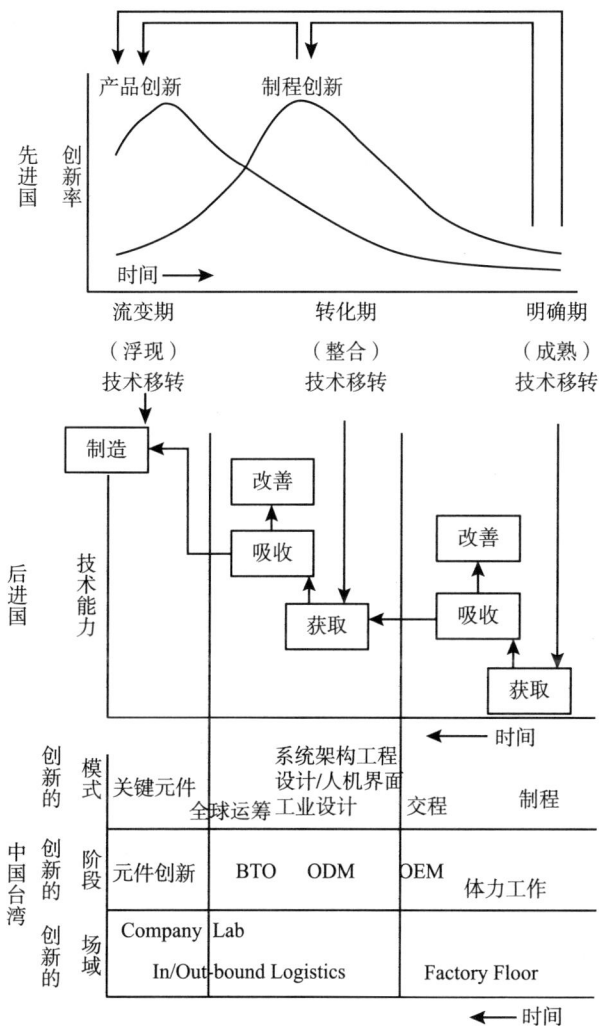

图 5.6 台湾产业创新的阶段与特色

资料来源：Anernathy & Utterback（1978），Kim（1997），李仁芳（民 87）。转引自李仁芳．台湾产业创新阶段的演化：回顾与前瞻，中国台湾政大科技管理研究所李仁芳教授网站 http：//tim. nccu. edu. tw/jflee/articles/C44. htm。

好的宏观经济管理；⑥通过开放直接投资和许可证获取技术；⑦灵活的劳动市场；⑧共享式增长（将增长收益扩散到整个集团）。

关于东亚增长中政府的作用有大量文献（Amsden，1989，2001；Wade，1990；Aoki，Kim and Okuno-Fujiwara，1997），此处不必详述。但完全可以说，东亚经济体的社会能力既不是先天的也不是神赐的，而是政府创造和支配的（Ozawa，2002a）。

发展经济理论认为，工业化是发展中国家和地区实现经济快速发展和经济现代化的唯一途径；而要实现工业化，应该具有被证明有效的明确的工业化目标（Korhonen，1994）。后发国家的工业化进程长期以来一直被很多发展经济学家定格为沿着这样一种固定而简单的顺序发展：从进口替代（IS）过渡到出口导向（EO）。东亚国家和地区普遍采取了以出口为中心的工业化（EFI-export-focused industrialization）战略。除了日本限制贸易和 FDI 的流入，其他国家和地区采取的 EFI 战略被证明严重依赖资本货物和主要工业供应品进口，在某种程度上这种战略实际是"进口并出口导向增长"范式（Klien，1990；Dutta，2000），而不仅仅是"出口导向"（Ozawa，2002b）。

如前所述，东亚区域产业转移开始于日本"废旧建新产业重构"，当时日本的思路是促进东亚其他国家和地区的发展为己所用。为了促进日本公司对东亚市场的渗透，日本政府利用对外援助作为工具。1950 年，日本开始进行战争赔款，日本政府非常精明地用赔款来获取经济收益。如 Miyashita（1999）所说，战争赔款"主要是有计划帮助重建日本工业生产能力，恢复战时亚洲'共荣圈'的经济联系"。20 世纪 60 年代以来，日本已经成为亚洲对外援助的重要提供者。然而，这些巨额支助通常是商业驱动，且被用来巩固和加强日本与亚洲邻居之间的经济关系。Katada（2002）声称日本对亚洲援助的重要目的是"巩固区域生产网络的层级"（Furuoka，2005）。

"二战"后日本的官方发展援助（ODA）的确解决了一部分东

亚国家和地区发展资金匮乏的问题，东亚国家和地区的发展正好符合日本"发展邻国为己所用"的目的，为日本的产业转移奠定了良好的基础。日本进而实施"产业政策"，一方面对本国的"朝阳产业"实施"倾斜生产"；另一方面将本国的"夕阳产业"转移到东亚其他国家和地区。

"产业政策"概念于 20 世纪 50 年代由日本学者最先提出，并开始传播。① 在东亚，日本率先实行产业政策并取得了较大成功，东亚其他发展中国家和地区在工业化过程中都或多或少参考了日本的经验，推行了各自的产业政策。只是由于各国（地区）的经济发展水平和制度环境不同，产业政策的实施重点、方式、力度和效果存在较大差异。

产业政策就其本质来说，是政府通过干预资源在产业间的配置，以达到优化产业结构、促进经济发展目的的政策体系。支持推行产业政策的观点，其主要理论依据可以归纳为两个方面：一是对于"市场失效"的弥补；二是后进国家实现赶超式发展的要求。以弥补市场失效为目的的产业政策并非始自东亚，实际上在西方国家早已实行，只是当时没有产业政策这一明确的概念，政策的实施范围也很有限。但当日本在战后广泛推行产业政策取得明显成就，以及产业政策的做法为其他东亚国家和地区所仿效以后，产业政策问题才受到国际上的广泛关注。日本和东亚战后的产业政策除了以上述市场失效问题为理论依据以外，还增加了发展经济学的理论为依据（江小涓，1996）。

除了上述的战略、政策，日本还实施了以间接融资和金融约束为特征的金融体制等制度安排，这些也同样被视为成功经验在东亚区域内得到传播推广。日本政府的制度供给，为日本的区域发展计划提供了强有力的保障，而本地区其他国家的仿效，使产业在东亚区域实现梯次传递，并在东亚逐步建立起以日本为首的、出口导向

---

① 对"产业政策"的概念提出尚存争议，相关争论可参见刘伟（1995）中的论述。

型世界制造业基地。

第二，国家竞争优势与国家创新体系。

正如迈克尔·波特（2002）所说：国家是企业最基本的竞争优势，因为它能创造并保持企业的竞争条件。国家不但影响企业战略，也是创造并延续生产与技术发展的核心。波特提倡政府和企业在追求竞争力提升和繁荣的同时，应该扮演新的、具有建设性和行动性的角色。对政府而言，旧的对无政府主义和干预的区分已经过时。政府的首要任务是尽力去创造一个支撑生产率提升的良好环境，这意味着政府在有些方面（如贸易壁垒、定价等）应该是尽量不干预，而在另一些方面（诸如确保强有力的竞争，提供高质量的教育与培训）则要扮演积极的角色。

国家创新体系（National Innovation System，NIS）或称国家创新系统，最早由英国学者弗里曼在对日本考察分析的基础上提出的概念。弗里曼在1987年考查日本时发现，日本的技术创新主要不是来自于正式的研究开发，其创新以渐进的创新为主，创新者主要是来自生产部门的工程师、车间里的技术工人。他们以技术创新为主导，辅以组织创新和制度创新。日本的通产省也在技术的追赶中起着重要的作用，他们从一个长远的、动态的视野出发，寻求资源的最优配置，推动产业和企业的技术创新。这使日本只用了几十年的时间，便发展成为工业化大国。其后，纳尔逊（1993）、伦德尔（1993）进一步发展了国家创新体系的概念。

近几年来，OECD也开展了对国家创新体系的研究。1997年OECD的《国家创新体系》报告指出："创新是不同主体和机构间复杂的互相作用的结果。技术变革并不以一个完美的线性方式出现，而是系统内部各要素之间的互相作用和反馈的结果。这一系统的核心是企业，是企业组织生产和创新、获取外部知识的方式。外部知识的主要来源则是别的企业、公共或私有的研究机构、大学和中介组织。"因此，企业、科研机构和高校、中介机构是创新体系中的主体。研究国家创新体系应着重关注整个创新体系内的互相作用和联系的网络。

东亚国家和地区在工业化赶超阶段，"强政府"的积极作用有目共睹。然而，随着东亚工业化的基本完成，工业经济向知识经济转型，政府的作用逐渐受到质疑。"二战"后，日本政府扮演着主导产业发展的角色，对于具有国家竞争优势的产业而言，日本政府的决策不但重要而且快速。自20世纪80年代工业化完成以后，日本的产业政策已变得徒有虚名，政府对高科技产业支持不力，政府的科研支出占全社会科研经费支出的比重在主要发达国家中居于末位。可以说，日本在发展知识经济上的落伍，与日本政府在国家创新系统中的作用弱化不无关系（张捷，1999年）。

处于东亚区域产业转移高端的日本在知识产业上的落伍，使其他梯次的成员无法像原来一样，通过接受日本的产业转移获取技术进而实现产业结构的调整和升级。源头的阻塞当然妨碍了后续的发展，但也促使传递方式的改变，后续的国家纷纷转向技术最先进的美国直接获取技术，中国台湾信息产业的大发展就是很好的例证。

第三，国家生命周期与国家霸权。

金德尔伯格（2003）认为，国家存在类似人类的生命周期。国家生命周期演进的顺序，通常是由贸易到工业，再到金融。每个领域都有自己发展的内部轨迹。在初期阶段，贸易可能是有竞争意识和积极进取的，乐于通过不太光彩的方式获取外国的技术，并且在向外国学习的过程中总想将自己的产品伪装为外国产品。经济增长通常是出口导向型的，偶尔在与别国产品竞争中实行进口替代。贸易保护是为幼稚工业的逐步发展而设计的。在后期阶段，扩大贸易可能有害于经济发展。

从上述的国家生命周期演进顺序中可以看出，金融是比工业和贸易更高级的发展阶段。日本通过区域策略发展成为一个贸易大国后，仍无法与掌握金融霸权的美国相抗衡。虽然日本通过产业转移建立起以其意志为主导的区域生产分工，而美国却凭借其金融国家的优势地位充分享受着日本这个贸易国家安排的区域分工带来的巨大收益。

20世纪90年代以来，东亚各经济体发展最显著的变化是日本的萧条与中国的崛起，东亚特有的"雁阵"的"头雁"与"尾雁"出现了截然相反的发展态势："头雁"的拉力减弱，而"尾雁"的推力增强。两种力量的角逐，势必影响整个区域的变化。

5.1.5 区域/国际层面的考察

东亚区域产业转移的形成与发展变化，与"二战"后区域/国际形势的变化密切关联，因而有必要从区域/国际（Regional/Global）层面对东亚区域产业转移演进的动因进行考察。

东亚区域产业转移发端于"二战"后美国对日政策的转变。1946年以后，以美国为首的西方国家和以苏联为首的东方国家之间的关系开始冷却。1947年6月，美国发表欧洲复兴计划（即马歇尔计划）；10月，世界共产党和工人党情报局成立；1948年4月，柏林分裂为东、西两部分。在亚洲，1946年中国爆发内战，菲律宾和越南共产党日益蓬勃壮大。在这样的国际环境下，美国不得不调整其对日政策。日本的发展壮大，既可以减轻美国对其的援助负担，又可以成为遏制共产主义的重要屏障。对日政策的改变，始于1948年。当年1月美国陆军部部长罗亚尔在旧金山发表演说，首次公开提出使日本早日建成"完整而独立的经济体"，从而摆脱对日援助，在东亚实现民主主义，使之成为抗御"全体主义战争"的堡垒（中村隆英，1997）。

在美国的庇佑下，日本对东亚区域的图谋得以继续，只不过形式发生了改变，不再是殖民和侵略，而是通过援助和合作将东亚重新纳入自己的发展计划中来。"二战"后，东亚各经济体纷纷实现了独立，并把注意力转移到发展经济上来。美国和日本的大量经济援助，加之日本高速增长的示范效应，使东亚各经济体自觉不自觉地卷入日本通过产业转移组织起来的区域分工中。日本在"二战"后资本主义的黄金时期（1950～1971年）成功加入发达国家行列，而东亚处于不同经济发展层次的经济体也相继实现了经济起飞和高速增长。

20世纪80年代中期以来，技术民主化、资本民主化、信息民主化的大发展无论给东亚地区还是给整个世界都带来了重大的变化，昭示着新的时代即将来临。1989年柏林墙倒塌，冷战结束，世界最年轻的经济——全球经济诞生，全球化时代到来。

全球化以万维网相互连接带来的一体化，取代了柏林墙相互分割造成的分裂对抗。托马斯·弗里德曼（2006）在《世界是平的》一书中总结了冷战体系与全球化体系的主要区别：

作为一个体系，冷战有它自己的权力结构：美国与苏联之间的平衡。冷战有它自己的规则：在外交事务上，没有一个超级大国可以侵犯另一个超级大国的势力范围；在经济上，少数发达国家集中培育各自的民族工业，发展中国家主要依靠出口促进增长，社会主义国家发展的是自给自足的经济，西方国家的经济是管制下的贸易。冷战有它自己的人口流动趋势：从东方到西方的人口流动因铁幕而完全中止，但从南向北的流动却稳固地增加。冷战对国际事务有自己的观点：世界被划分为共产主义集团、西方集团、中立集团，每个国家都属于某集团中的一员。冷战有自己明确的技术定义：占主导地位的是核武器和第二次工业革命，但对许多发展中国家的人来说，刀耕火种仍然是主要的生产方式。冷战有它自己明确的计算方法：核武器的投掷量。最后，冷战也让人明显地担忧：核毁灭。如果将所有这些因素通盘考虑，冷战实际上对世界的每个国家的国内政治和国外政策都产生了影响。冷战体系不会影响世界上每件事，但的确影响了许多事。

全球化导致了不可抗拒的市场一体化的出现，使单一民族国家看到了以前闻所未闻的新技术：计算机化、小型化、数字化、卫星通信、光导和互联网，这些技术加快了全球范围的经济一体化。全球化后面的动力原理是自由市场资本主义——你越让市场规划发挥作用，你的市场越向自由贸易与竞争开放，你的经济就越有效越繁荣。全球化实际上意味着自由市场资本向世界所有国家扩展。因此，全球化实际上也有它自己的一套经济规则——就是对你的经济全方位开放、放松管制、私有化，以便开展竞争吸引外资。全球化有它自己的独特文化，其趋势就是走向同一化。全球化时期最明显的衡量标准是速度——商业、旅行、通信和革新的速度。

经济学家卡尔·马克思和约翰·梅纳德·凯恩斯的思想在冷战时期是最著名的，他们都想用各自的方法驯服资本主义；在全球化时期最著名的经济学家是约瑟夫·熊彼特和前因特网芯片启用输出的安迪·格罗夫，他们都主张放开资本主义。

的确，如果冷战是一场体育运动，它就如同相扑搏斗。约翰斯·霍普金斯大学外交事务教授迈克尔·曼德尔鲍姆如是说："两个胖子在圆圈内，作出各种各样姿势，进行繁杂的礼节，不停地摆动双脚，但真正的搏斗非常有限，到比赛结束前的一刹那，失败者被猛推出圆圈，但没有人受伤。"但与此相反，如果全球化也是一场体育运动，它就是 100 米冲刺，目标则是向前向前再向前。不管你赢了多少次，第二天你还得重跑。

按照德国政治学家卡尔·施密斯的解释，冷战时的世界，要么是"敌人"要么是"朋友"；与此相对应，在全球化世界，所有的朋友和敌人都变成了"竞争者"。

全球化时代，信息、通信技术的大发展，在一定程度上降低了空间距离造成的阻碍。即使现实的世界并不如上面描述的那么平坦，但平坦化的程度比起冷战时代肯定大为提高。相对平坦的世界给生产的跨境重新定位带来新的机遇和挑战。就东亚而言，随着全球化的发展和区域一体化的推进，原本以"强政府"推动的区域产业转移，将日益遵从市场力量，从而可能在形式和区位选择上出现较大的变化。

综上所述，20 世纪 80 年代中期以来，东亚从产品、企业、产业、国家、区域/国际这五个层面来看，都出现了根本性的变化。随着技术的进步，产品日趋复杂，特别是像汽车、电子产品这样可以拆分的产品制造比重日益加大；面对新的产品，企业的组织及管理方式也随之改变，跨国公司的大发展使分割化生产在某些领域取代了一体化生产方式；而亚洲金融危机的爆发加之东亚宪政主义的推进，使带有明显干预色彩的产业政策等政府措施逐渐淡出历史舞台，取而代之的是市场的引导；危机强化了区域各成员加强合作的愿望，一体化向前推进，从而整个世界进入了全球时代，空间距离的间隔被弱化。伴随着五个层面的重大变化，东亚区域产业转移也随之变化，由原来的工业化起飞阶段按国家间"优序"梯次传递完整的产业链条，发展到工业化基本完成阶段按照产业链分割转移部分"模块"或"工序"，从而呈现出明显的"区域生产网络"；从空间上看，完整的产业链条转移是一种政府推动的将处于比较劣势的产业的向外扩散，而"模块"或"工序"的转移则更多的是在市场力量的推动下将产业链的不同部分集聚到某个地点从而易于形成规模经济，不同点之间的活动统合在区域生产网络之中，进而形成许多不同的集群。

5.2　东亚区域产业转移演进动因：经验证明

东亚区域产业转移最直接的结果是带来了东亚区域内部生产分工的变化：由最初的"吾有尔无"① 依赖"乾坤大挪移"整体式转移形成的区域内垂直分工，到后来的分割价值链"大家携手"依赖"区域生产网络"部分转移形成的区域内水平分工。

东亚区域产业转移的演进离不开贸易与投资这两个国际间经济往来的重要纽带，而其最终反映在空间上则体现为区域内生产区位的变化。下面主要从国际贸易、国际投资以及空间三个层面，寻找东亚区域产业转移演进的经验证据。

---

① "吾有尔无"并不仅指转出的产业在转入国原本不存在，也包括至少像转出国那样比较先进的生产方式在转入国的该产业中不存在。

5.2.1　国际贸易层面的考察[①]

从东亚经济发展的历史来看，贸易在东亚经济发展中一直作用重大，繁荣的贸易已成为东亚发展的确定特征（世界银行，2005）。

1. 东亚区域各经济体比较优势变化

（1）显示性比较优势指数 RCA（Revealed Comparative Advantage）。

显示性比较优势指数 RCA（Balassa，1965、1977）是一种通过对一国（或地区）各产业贸易历史数据的计算对该国（或地区）各产业的出口专业化程度进行事后衡量的指标，它不仅考虑到一国（或地区）某产业产品的出口市场占有率，而且还考虑到经济规模大小对比较优势的影响。因而，RCA 既能反映不同国家（或地区）同种商品的相对竞争力，也可以反映不同产品在一国（或地区）之内的相对竞争力。具体计算公式如下：

$RCA_{ij} = (X_{ij}/W_j)/(X_i/W) \equiv (X_{ij}/X_i)/(W_j/W)$；

RCA_{ij}：i 国 j 产品的显示性比较优势指数；

X_{ij}：i 国 j 产品对世界（或某市场）的出口总额；

W_j：世界（或某市场）j 产品的出口总额；

X_i：i 国所有产品对世界（或某市场）的出口总额；

W：世界（或某市场）所有产品的出口总额。

RCA 指数值越大表明该国的该产品出口竞争力越强，当 RCA > 1 时说明该产品有较强的比较优势。

日本振兴会（JETRO）曾对 RCA 设定标准如下：

RCA≥2.5：具有极强出口竞争力；

2.5 > RCA≥1.25：具有次强出口竞争力；

1.25 > RCA≥0.8：具有中等出口竞争力；

RCA < 0.8：具有较弱出口竞争力。

---

① 本部分相关计算及论述主要来自笔者的前期研究成果，参见秦婷婷（2007）。

（2）RCA 指数的计算及分析。

所用的贸易数据均来自联合国 Commodity Trade Statistics Database—UN Comtrade，产业按 SITC Rev. 2（1972）[1] 的标准进行分类。为进行历史比较，没有单独选取 20 世纪 90 年代以来的数据，而是对 1984～2003 这 20 年的数据一并进行分析。由于没有相同口径的关于中国台湾的相关数据，因而只选择了 9 个样本，即：日本、中国香港、韩国、新加坡、印度尼西亚、菲律宾、马来西亚、泰国和中国。

由于美国是东亚各经济体主要的出口市场，是研究东亚问题时一个不能不考虑的场外因素，因而笔者在计算东亚 9 个经济体的 RCA 指数时，用各经济体对美国的出口总额代替其对世界的出口总额，用美国对各经济体 10 类产品的进口代替其对世界 10 类产品的出口，通过对美国市场上东亚 9 个经济体的出口竞争力比较代替对整个世界市场的考察。

9 个经济体 20 年 10 类产品的数据纷繁复杂，笔者根据 RCA 指数计算结果列出表 5.1 和表 5.2，以便于比较分析。

表 5.1 由 20 年来东亚 9 个经济体每年每类产品中 RCA 最强的国家名称组成，表中的横线将整个表分为 20 世纪 90 年代以前和 90 年代以后两个时间段，表中的竖线则将 10 类产品分为初级产品（0～4）和工业制成品（5～9）两个大类。通过表 5.1 的横向比较，我们可以很清楚地看到：初级产品中 0、2、3、4 类 20 年间最强势始终分别被泰国（0）[2]、印度尼西亚（2、3）和菲律宾（4）占据；1 类中多数年份以泰国优势为最强，但 90 年代中期以来的个

---

① 0-Food and live animals chiefly for food；1 – Beverages and tobacco；2 – Crude materials, inedible, except fuels；3 – Mineral fuels, lubricants and related materials；4 – Animal and vegetable oils, fats and waxes；5 – Chemicals and related products, nes；6 – Manufactured goods classified chiefly by materials；7 – Machinery and transport equipment；8 – Miscellaneous manufactured articles；9 – Commodities and transactions not classified elsewhere in the SITC.

② 尽管表 5.1 中 0 类在 1988 年和 2002 年填的分别是菲律宾和印度尼西亚，但这是在缺乏泰国这两年相关数据的情况下比较所得出的结论，所以此处忽略这两年数据认为泰国在 0 类的出口竞争力最强势地位 20 年未变。

表 5.1　　　1984～2003 年各产业 RCA 最强的东亚经济体

年份	0	1	2	3	4	5	6	7	8	9
1984	T	T	I	I	P	C	K	J	H	P
1985	T	T	I	I	P	J	T	J	H	P
1986	T	T	I	I	P	J	T	J	H	P
1987	T	T	I	I	P	C	C	J	H	P
1988	P	C	I	I	P	C	C	J	H	P
1989	T	I	I	I	P	C	C	J	H	P
1990	T	T	I	I	P	C	C	J	H	P
1991	T	T	I	I	P	C	C	J	H	J
1992	T	T	I	I	P	C	C	J	H	P
1993	T	T	I	I	P	S	I	J	H	P
1994	T	T	I	I	P	J	I	S	H	P
1995	T	J	I	I	P	J	C	S	H	P
1996	T	T	I	I	P	J	I	S	H	J
1997	T	J	I	I	P	J	K	S	H	J
1998	T	I	I	I	P	J	K	S	H	J
1999	T	J	I	I	P	J	I	S	H	J
2000	T	J	I	I	P	J	I	S	H	J
2001	T	J	I	I	P	J	I	S	H	J
2002	I	J	I	I	P	S	C	M	H	J
2003	T	J	I	I	P	S	C	M	H	J

　　注：表中 J—日本，H—中国香港，K—韩国，S—新加坡，I—印度尼西亚，P—菲律宾，T—泰国，M—马来西亚，C—中国。无菲律宾 1986 年和 1995 年第 3 类以及泰国 1998 年和 2002 年 0－9 类 RCA 数据。

　　资料来源：笔者根据 UN Comtrade Database SITC2 相关数据计算整理。

别年份出现了日本的 RCA 指数高于其他国家的情况。但计算结果表明，这几个年份中即使在 RCA 指数最高的 1995 年其值仅为 0.55，其余年份均不超过 0.5。因而总体上看，在初级产品出口竞争力主要在 ASEAN 这一层次。工业制成品方面的规律不如初级产品那么明显，在 SITC 的分类中，一般认为 5、7 类为资本或技术密集型产品，6、8 类为劳动密集型产品，9 类为其他暂不予以考虑。
这样一来，我们会发现 20 世纪 90 年代以来，资本或技术密集型产
品的出口竞争优势主要集中在日本和新加坡，即第一、第二层次；
而劳动密集型产品的出口竞争优势主要集中在中国和印度尼西亚，
即第三、第四层次。值得说明的一点是，表 5.1 中，中国香港在第
8 类中保持了 20 年的最强势，但由于其是东亚重要的贸易转口地，
所以若剔除再出口（Re-Export）因素，第 8 类产品多数年份以中国
优势为最强。

表 5.2　　　　1984～2003 年东亚经济体 RCA 最强的产业

年份	日本	中国香港	韩国	新加坡	印尼	菲律宾	泰国	马来西亚	中国
1984	7	8	8	7	2	4	1	4	8
1985	7	8	8	7	2	4	1	4	8
1986	7	8	8	7	2	4	1	4	8
1987	7	8	8	7	2	4	1	4	8
1988	7	8	8	7	2	4	n. a.	4	8
1989	7	8	8	7	2	4	1	4	8
1990	7	8	8	7	2	4	1	4	8
1991	7	8	8	7	2	4	1	4	8
1992	7	8	8	7	2	4	1	4	8
1993	7	8	8	7	2	4	1	4	8
1994	7	8	7	7	2	4	1	4	8
1995	7	8	7	7	2	4	1	4	8
1996	7	8	7	7	2	4	1	4	8
1997	7	8	7	7	2	4	1	4	8
1998	7	8	7	7	2	4	1	4	8
1999	7	8	7	7	2	4	1	4	8
2000	7	8	7	7	0	4	1	4	8
2001	7	8	7	7	0	4	1	4	8
2002	7	8	7	7	2	4	n. a.	4	8
2003	7	8	7	7	2	4	1	4	8

资料来源：笔者根据 UN Comtrade Database SITC2 相关数据计算整理。

表 5.2 中记录了东亚这 9 个经济体 10 类产品 20 年中每年最强的一类，相对于表 5.1 的横向比较，表 5.2 从各经济体自身出发，纵向比较其优势的变化情况。由表 5.2 可知，20 年来除了韩国的出口竞争力最强的产品从 1994 年起由 8 类变为 9 类，印度尼西亚在 2002 年、2003 年由 2 类变为 0 类；其余 7 个经济体的最强势 20 年未变，日本、新加坡的最强势一直在 7 类产品上，中国、中国香港的最强势在 8 类产品上，菲律宾、马来西亚的最强势在 4 类产品上，泰国的最强势在 1 类产品上。

尽管各经济体各类产品每年的 RCA 指数都在变化，但通过表 5.1 和表 5.2 对 20 年来东亚 9 个经济体 10 类产品 RCA 指数横向和纵向比较，不难得出如下结论：20 世纪 90 年代以来，东亚各经济体自身出口竞争力最强的产业较 80 年代中后期相比基本未变，出口竞争力的层次依然存在，即初级产品的优势主要集中在第三层次的经济体，工业制成品中劳动密集型产品的优势集中在第三、第四层次的经济体，而资本或技术密集型产品的优势仍然集中于第一、第二层次的经济体。因而，从东亚各经济体的产业比较优势来看，东亚各经济体的各产业之间还是存在互补的。

2. 东亚区域贸易结构的变化

（1）产业内贸易。

①G－L 产业内贸易指数。产业内贸易（Intra-Industrial Trade，IIT）是与产业间贸易（Inter-Industrial Trade）或称单向贸易（One-way Trade，OWT）相区别的概念，即一国在出口某类产品的同时又进口该类产品，亦称双向贸易（Two-way Trade，TWT）。

产业内贸易程度的高低，与我们如何定义产业密切相关。国际通常做法是将国际贸易标准分类 SITC 同类、同章、同组，即 SITC 商品分类号前三位数相同的商品的双向贸易视为产业内贸易。

根据发生产业内贸易的产品类型不同，又可将其分为：由于产品质量（quality）差异引发的垂直产业内贸易（Vertical Intra-Industrial Trade，VIIT），以及由于产品性能（attribute）差异引发的水平产业内贸易（Horizontal Intra-Industrial Trade，HIIT）。

若以 TT（Total Trade）表示总贸易，有等式如下：

$$TT = OWT + IIT = OWT + (VIIT + HIIT)$$

衡量产业内贸易的指标有很多，如 Grubel-Lloyd（1975）的 G－L 指数、修正的 G－L 指数、Aquino 指数等，笔者拟使用 G－L 指数进行衡量，某产业的产业内贸易指数计算公式如下：

$$\text{IIT} = 1 - |X_i - M_i| / (X_i + M_i)$$
$$= 1 - 2\max(X_i, M_i) / (X_i + M_i)$$

其中，X_i——某国 i 产业的出口总额；

M_i——某国 i 产业的进口总额。

一国各产业总的产业内贸易指数，计算公式如下：

$$\text{IIT} = 1 - \sum |X_i - M_i| / \sum (X_i + M_i)$$

$0 \leqslant \text{IIT} \leqslant 1$，该指标越接近 1 则表明两国产业内贸易程度越高；反之，越接近 0 则表明产业间贸易程度越高。

再进一步区分垂直型产业内贸易和水平型产业内贸易，通常使用 Greenaway，Hine 和 Milner（1994）提出的进出口产品单位价值之比的计算方法：

VIIT：$UV_{ij}^k / UV_{ji}^k \geqslant 1.25$ 或 $UV_{ij}^k / UV_{ji}^k \leqslant 0.75$

HIIT：$0.75 < UV_{ij}^k / UV_{ji}^k < 1.25$

其中，UV_{ij}^k——i 国向 j 国出口的 k 类产品的单位价格；

UV_{ji}^k——j 国向 i 国出口的 k 类产品的单位价格。

②G－L 指数的计算及分析。笔者对 20 年来东亚 9 个经济体 10 类产品 SITC（Rev.2）1 位数及总的 G－L 指数进行了计算，选取 1984 年、1990 年、1996 年、2003 年四个年份的数据（见表 5.3）。

表 5.3 东亚主要经济体代表年份各大类产品及总的 G－L 指数

国家 （地区）	年份	整体	0	1	2	3	4	5	6	7	8	9
日本	1984	0.627	0.157	0.304	0.132	0.017	0.570	0.957	0.548	0.167	0.640	0.659
	1990	0.772	0.097	0.094	0.124	0.047	0.396	0.989	0.944	0.301	0.922	0.857
	1996	0.799	0.065	0.165	0.175	0.070	0.143	0.892	0.919	0.459	0.789	0.762
	2003	0.792	0.094	0.142	0.303	0.046	0.198	0.869	0.826	0.501	0.826	0.488
中国 香港	1984	0.849	0.425	0.711	0.866	0.155	0.374	0.666	0.707	0.996	0.551	0.823
	1990	0.914	0.558	0.917	0.871	0.421	0.681	0.829	0.839	0.958	0.761	0.453
	1996	0.937	0.566	0.943	0.832	0.618	0.691	0.881	0.863	0.884	0.842	0.519
	2003	0.949	0.446	0.793	0.925	0.212	0.445	0.893	0.896	0.968	0.851	0.454
韩国	1984	0.726	0.831	0.306	0.153	0.204	0.047	0.477	0.678	0.968	0.243	0.431
	1990	0.789	0.767	0.791	0.208	0.118	0.012	0.507	0.846	0.968	0.357	0.571
	1996	0.837	0.545	0.477	0.258	0.275	0.115	0.822	0.877	0.895	0.996	0.947
	2003	0.849	0.413	0.873	0.331	0.304	0.113	0.982	0.852	0.682	0.852	0.759
新加坡	1984	0.873	0.821	0.626	0.848	0.875	0.965	0.886	0.621	0.930	0.896	0.371
	1990	0.941	0.776	0.987	0.897	0.996	0.999	0.832	0.643	0.984	0.894	0.942
	1996	0.966	0.764	0.953	0.975	0.986	0.997	0.953	0.711	0.960	0.806	0.914
	2003	0.919	0.696	0.956	0.923	0.828	0.982	0.666	0.767	0.922	0.952	0.512
印度 尼西亚	1984	0.513	0.661	0.801	0.664	0.289	0.457	0.147	0.905	0.085	0.992	0.751
	1990	0.657	0.542	0.569	0.976	0.297	0.115	0.311	0.759	0.075	0.408	0.449
	1996	0.776	0.979	0.980	0.808	0.454	0.121	0.453	0.760	0.442	0.247	0.861
	2003	0.751	0.920	0.859	0.655	0.664	0.033	0.790	0.542	0.937	0.181	0.233
菲律宾	1984	0.650	0.652	0.970	0.436	0.097	0.111	0.266	0.749	0.399	0.640	0.937
	1990	0.754	0.940	0.782	0.957	0.170	0.132	0.300	0.567	0.483	0.569	0.891
	1996	0.787	0.708	0.646	0.523	0.213	0.194	0.212	0.420	0.231	0.373	0.403
	2003	0.858	0.795	0.594	0.630	0.248	0.223	0.226	0.492	0.123	0.304	0.766
泰国	1984	0.556	0.197	0.998	0.853	0.040	0.561	0.104	0.835	0.292	0.579	0.383
	1990	0.709	0.358	0.589	0.779	0.116	0.363	0.240	0.623	0.540	0.374	0.424
	1996	0.797	0.375	0.860	0.990	0.251	0.350	0.436	0.697	0.764	0.595	0.522
	2003	0.850	0.420	0.918	0.848	0.381	0.742	0.778	0.839	0.967	0.607	0.816

续表

国家 （地区）	年份	整体	0	1	2	3	4	5	6	7	8	9
马来 西亚	1984	0.611	0.629	0.234	0.250	0.447	0.040	0.279	0.669	0.372	0.822	0.438
	1990	0.740	0.859	0.491	0.366	0.434	0.074	0.326	0.680	0.364	0.724	0.153
	1996	0.862	0.684	0.926	0.636	0.501	0.045	0.639	0.823	0.371	0.706	0.376
	2003	0.913	0.799	0.863	0.840	0.610	0.106	0.960	0.949	0.489	0.701	0.704
中国	1984	0.762	0.825	0.950	0.974	0.045	0.722	0.490	0.817	0.335	0.406	0.841
	1990	0.880	0.678	0.629	0.925	0.391	0.281	0.720	0.950	0.670	0.318	0.391
	1996	0.908	0.713	0.541	0.556	0.923	0.364	0.659	0.956	0.783	0.255	0.442
	2003	0.886	0.507	0.649	0.255	0.549	0.074	0.573	0.957	0.986	0.419	0.858

资料来源：笔者根据 UN Comtrade Database SITC2 相关数据计算整理。

　　如表5.3所示，总体看来，1984～2003年，东亚9个经济体中，中国香港、韩国、菲律宾、泰国和马来西亚 G - L 指数呈不断上升趋势，而日本、新加坡、印度尼西亚和中国 C - L 指数在1984～1996年呈上升趋势，1996～2003年略有下降。第一、第二层次国家 G - L 指数较高的产品主要是工业制成品，第三、第四层次国家 G - L 指数较高的产品主要是初级产品，四个层次6类产品的 G - L 指数都比较高，而且与表5.2结合来看，日本、韩国、菲律宾、马来西亚和中国 RCA 指数最高的类别 G - L 指数并不高。

　　既然东亚9个经济体的产业内贸易均有上升的趋势，那么东亚区域内原有的以垂直为主且存在部分水平的分工结构是否就变为以水平分工为主了？日本学者 Kyoiji Fukao、Hikari Ishido 和 Keiko Ito（2003）曾对1996～2000年东亚9个经济体的贸易类型进行过测算，结果可见表5.4。

表 5. 4   1996～2000 年东亚主要经济体 OWT、VIIT、HIIT
　　　　　比重及 G – L 指数   单位：%

年份	OWT	VIIT	HIIT	G – L 指数
1996	78. 7	16. 6	4. 7	17. 5
1997	76. 1	17. 8	6. 1	18. 1
1998	75. 0	20. 0	5. 1	18. 5
1999	70. 3	24. 6	5. 1	19. 9
2000	68. 7	23. 7	7. 6	20. 5

资料来源：上述三位学者根据 PC – TAS 的计算。

由表 5. 4 可知，东亚内部产业间贸易仍占主导，但比重有所下降；产业内贸易比重的确在加大，但以垂直型产业内贸易为主。

有学者进一步将产品按中间产品、资本品和消费品进行分类，对 1990～2000 年 10 个亚洲国家和地区商品的 Grubel-Lloyd 指数进行了计算，见表 5. 5。结果显示：中间产品的 G – L 指数呈逐年上升趋势；资本品 G – L 指数基本也呈逐年上升趋势，只有中国台湾和马来西亚 2000 年比 1995 年有所下降；而消费品的 G – L 指数 1990～1995 年呈上升趋势，1995～2000 年，除了韩国、泰国和日本略又上升外，其他国家和地区都有所下降。中间产品 G – L 指数的上升，很好地印证了产品分散化生产的趋势。

表 5. 5   东亚主要经济体商品的 Grubel-Lloyd 指数

国家/地区	中间产品			资本品			消费品		
	1990	1995	2000	1990	1995	2000	1990	1995	2000
中国	0. 480	0. 511	0. 623	0. 394	0. 509	0. 524	0. 131	0. 212	0. 193
韩国	0. 587	0. 700	0. 793	0. 446	0. 551	0. 555	0. 189	0. 429	0. 470
台湾	0. 712	0. 710	0. 819	0. 688	0. 760	0. 525	0. 320	0. 597	0. 532
新加坡	0. 573	0. 619	0. 812	0. 434	0. 392	0. 550	0. 519	0. 552	0. 480
马来西亚	0. 435	0. 593	0. 744	0. 258	0. 524	0. 474	0. 528	0. 627	0. 505
泰国	0. 453	0. 574	0. 747	0. 378	0. 395	0. 604	0. 252	0. 311	0. 361

续表

国家/地区	中间产品			资本品			消费品		
	1990	1995	2000	1990	1995	2000	1990	1995	2000
菲律宾	0.469	0.492	0.739	0.307	0.307	0.490	0.330	0.361	0.296
印度尼西亚	0.154	0.265	0.338	0.054	0.248	0.746	0.408	0.428	0.357
日本	0.406	0.447	0.484	0.357	0.438	0.584	0.254	0.401	0.442
美国	0.436	0.506	0.562	0.560	0.610	0.631	0.191	0.341	0.243

注：1. 消费品包括私人和政府的消费支出。
　　2. 阴影区域为这三年中的最大值。
资料来源：Japan Industrial Policy Research Institute. "HIGASHI ASIA NO SANGYOU RENKAN OYOBI BOEKI KOUZOU TO WAGAKUNI NO KEIZAI KOUZOU NI KANSURU CHOUSA KENKYU" 2006a，转引自 METI white paper overview（2006）。

（2）贸易强度指数（TII）。

贸易强度指数（TII－Trade Intensity Index）又称"贸易密度指数"，是用来判定同一集团内一个成员方与另一成员方之间的实际贸易强度，换言之，即集团内成员相互贸易的偏差。对一个区域的贸易考察，不仅需要知道区域内各成员方之间的贸易量，还需要知道区域内的成员方与该区域内其他成员的贸易关联是否大于区域外的国家。TII 这个指标能够克服贸易份额的弊端，从而向揭示区域内贸易的真实本质前进了一步。

贸易强度指数计算方式如下：

$$TII = (X_{ij}/X_{it})/(X_{wj}/X_{wt})$$

式中，X_{ij} 表示 i 国对 j 国的出口，X_{it} 表示 i 国的总出口，X_{wj} 表示世界对 j 国的出口，X_{wt} 表示全世界的总出口。这一指数显示的是 i 国对 j 国出口占其出口总额比重与世界对 j 国出口占世界出口的份额之比。如果 TII 等于 1，表明 i 国与 j 国的贸易关系是中性的，大于 1 表明两国的贸易关系较为密切，小于 1 则表明两国的贸易较为疏远。

由表 5.6 可以看出，1985 年、1995 年和 2005 年这三年东亚经济体之间贸易强度的变化，表中加粗数字表示两国之间的贸易强度小于 1。通过这三个年份的比较可以看出，这 20 年中东亚经济体之间的贸易联系显著增强。从 2005 年来看，除了中国香港与韩国、印度尼西亚、马来西亚、泰国，印度尼西亚和中国香港，泰国与韩国之外，其他所有经济体之间的贸易强度都大于 1。特别是中国大陆，在这一阶段，中国更加深刻地融入东亚的贸易体系中，到 2005 年，所有东亚经济体同中国的贸易强度都超过了 1（王静文，2007）。

表 5.6　　　　　**东亚主要经济体之间的贸易强度指数**

经济体	日本	韩国	中国香港	新加坡	印尼	马来西亚	菲律宾	泰国	中国大陆
1985 年									
日本	—	2.57	2.46	1.65	2.38	1.98	1.97	2.46	3.30
韩国	2.27	—	3.44	1.22	1.24	2.38	2.93	1.01	0.00
中国香港	0.64	1.14	—	2.12	2.16	1.19	3.80	1.48	12.10
新加坡	1.41	0.78	4.21	—	n.a.	24.72	3.51	8.80	0.67
印尼	6.99	2.24	1.25	6.58	—	0.66	3.94	0.93	0.21
马来西亚	3.72	3.74	0.89	14.62	0.82	—	8.81	7.29	0.49
菲律宾	2.87	1.03	2.69	4.08	0.76	6.04	—	3.84	0.82
泰国	2.02	1.18	2.69	5.98	1.17	8.00	2.75	—	1.77
中国大陆	3.37	0.00	17.40	5.69	0.87	1.09	4.24	0.91	—
1995 年									
日本	—	2.69	1.67	2.15	2.85	2.51	2.91	2.97	1.93
韩国	1.99	—	2.17	2.11	2.85	1.49	2.07	1.23	2.71
中国香港	1.99	2.17	—	2.11	2.85	1.49	2.07	1.23	2.71
新加坡	1.19	1.04	2.28	—	n.a.	12.70	2.96	3.85	0.91
印尼	4.14	2.44	0.97	3.43	—	1.44	2.36	1.03	1.49
马来西亚	1.91	1.04	1.43	8.39	1.66	—	1.61	2.59	1.00
菲律宾	2.41	0.97	1.26	2.36	0.92	1.20	—	3.07	0.47
泰国	2.47	0.52	1.33	5.57	1.75	1.75	1.28	—	1.09
中国大陆	2.92	1.71	6.45	0.97	1.22	0.57	1.26	0.78	—

续表

经济体	日本	韩国	中国香港	新加坡	印尼	马来西亚	菲律宾	泰国	中国大陆
2005 年									
日本	—	3.52	2.37	1.82	3.19	2.19	3.80	3.76	2.39
韩国	1.92	—	2.13	1.53	3.61	1.67	2.80	1.18	3.87
中国香港	1.20	0.96	—	1.21	0.89	0.85	2.23	0.97	7.99
新加坡	1.24	1.58	3.67	—	19.58	13.67	4.51	4.08	1.53
印尼	4.80	3.71	0.68	5.36	—	4.14	4.10	2.60	1.38
马来西亚	2.13	1.51	2.28	9.14	4.79	—	3.46	5.34	1.17
菲律宾	3.98	1.51	3.17	3.84	2.35	6.15	—	2.81	1.76
泰国	3.10	0.91	2.17	4.06	7.29	5.41	4.59	—	1.47
中国大陆	2.51	2.07	6.38	1.28	2.23	1.44	1.52	1.02	—

资料来源：IMF，Direction of Trade，转引自王静文博士论文（2007）。

5.2.2　FDI 层面的考察

1. 东亚 FDI 流量变化

在东亚经济的发展中，FDI 扮演着重要的角色。从流量上看，20 世纪 80 年代后半期开始，FDI 大量流入东亚地区。由图 5.7 可见，东亚 FDI 流入最显著的变化是 20 世纪 90 年代以来，中国 FDI 流入激增。亚洲金融危机以后，日本、中国香港、韩国及马来西亚 FDI 流入未见下降，其他东亚国家 FDI 流入均有不同程度的下降，其中印度尼西亚 FDI 流入甚至出现了连续几年的负增长，直至 2002 年。

东亚 FDI 的增长是受到该区域 20 世纪 80 年代和 90 年代初期深度自由化刺激的结果（尽管在 1997～1998 年由于亚洲金融危机的影响，这种增长曾一度减速），并随 FDI 全球变化而变化（世界银行，2005）。

（百万美元）

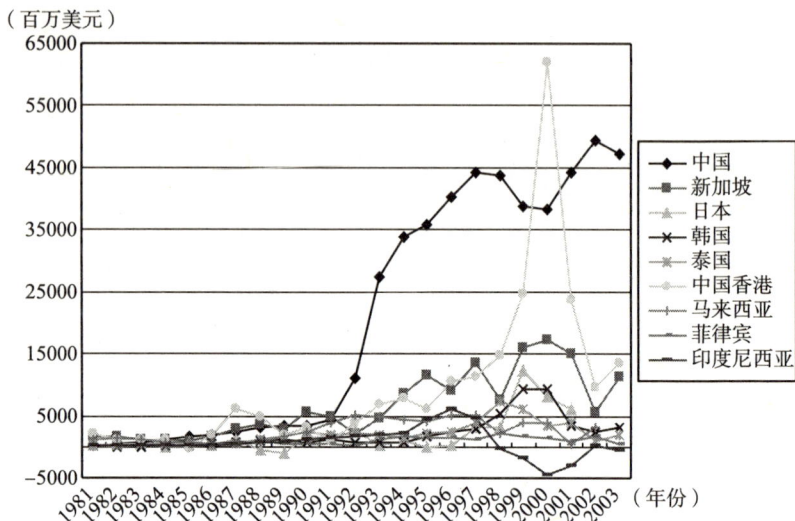

图 5.7　东亚地区 FDI 流入图

资料来源：Statistical Database of International Monetary Fund。转引自赵曙东、钱曾玉. 劳动工资吸引 FDI 的效应分析：以东亚地区为例，2005 年第五届经济学年会收稿（国际经济学领域），http：//old. cenet. org. cn/cn/readnews. asp？ newsid = 21839。

2. 东亚 FDI 结构变化

表 5.7 比较粗略地反映出东亚经济体 FDI 主要来源及部门分布，由于资料来源不同，难以横向比较，但我们仍可看出以下几个特点：①从东亚区域内 FDI 来源来看，日本是大多数东亚经济体的FDI 流入的最主要来源；②从流入部门来看，基本集中在制造业，特别是电器、电子及机械、运输设备。

表 5.7　　东亚主要经济体 FDI 主要来源及部门分布

国家（地区）和数据年份	前三大部门（百分比）	前三大来源（百分比）
中国 （1998～2000 年累计流量）	制造业 房地产管理 效用	中国香港 美国 英国处女岛

续表

国家（地区）和数据年份	前三大部门（百分比）	前三大来源（百分比）
中国香港 （2000 年年终资本）	投资持有股和房地产 批发和零售 银行业	英国处女岛 中国 百慕大群岛
印度尼西亚 （1967～2000 年中期累计值）	化学制品和药品 纸业 电子、贸易以及其他服务	日本 英国 新加坡
马来西亚 （2000～2001 年的流量）	电器和电子产品 纸业、印刷和出版 非金属矿物产品	美国 日本 荷兰
菲律宾 （2000 年流量）	制造业 能源 服务出口	美国 日本 法国
新加坡 （2000 年流入）	电子产品与零件 化学制品和化工产品 运输装备	美国 日本 中国香港
中国台湾 （1952～2000 年的流量总额）	电器和电子 银行业和保险业 服务业	日本 美国 新加坡
泰国 （1995～1999 年净流入总量）	贸易 机械和运输 电器	英国 印度 中国台湾

注：由于各国（地区）政府对数据定义的差异，各国（地区）之间的百分比无法进行比较。

资料来源：OECD、UNCTAD，转引自世界银行（2005）：77，表3.7。

　　如前所述，日本对东亚的投资在东亚区域产业转移过程中起到至关重要的作用，那么下面就着重考察日本对外投资的相关变化。附录表2是日本财务省（MOF）提供的1965～2004年40年间日本对外投资的变动情况。由该表可见：长期以来美国及EU15一直是日本对外投资的主要目的地，这反映的是一种接近最先进技术和接近最终消费市场的倾向；20 世纪 70 年代以来日本对东亚的 FDI 逐渐增加，很多年份超过了美国和 EU15；1985 年《广场协议》后，日本 FDI 流出掀起了大高潮，90 年代以来略有回落，但仍继续增长。结合相同来源的产业别的数据，日本 FDI 流向产业经历了从纺织、化学、金属、机械、运输到电子的变动顺序。再结合按国家（地区）产业类别的数据可见，1989 ~ 2004 年，日本流向非制造业的 FDI 远远高于制造业。但值得注意的是，日本对亚洲的 FDI 却呈现出相反的情况。从 1993 年起，日本对亚洲制造业的流入开始超过非制造业，而且差距越来越大。再细分到对东亚各经济体按产业别的投资，发现 1989 年以来，日本对中国台湾、东盟国家尤其是马来西亚、中国的投资主要集中于电子产业。[①]

综上可见，尽管美国与某些欧洲国家仍然是日本投资的主要目的地，但日本 FDI 流出呈现出从区域外到区域内转移的迹象；并且在区域内也有转移，日本对中国的投资正在超过其对 ASEAN4 的投资。

5.2.3　空间层面的考察

如果空间是平滑的，类似材料学中的"最小阻力定律"[②]，产业必然向阻力最小的方向移动，而真实世界的情况是黏性产业空间[③]（sticky place）普遍存在，存在着复杂的生产关联。

1. 东亚区域制造业区位基尼系数的变化

东亚区域产业转移，反映在空间上就是在东亚范围内的生产区位变化。下面通过测度空间经济学中的一个常用指标——区位基尼

---

① 相关时间序列的数据较为庞杂，笔者无法在此一一列出，请参见 http://www.mof.go.jp/english/e1c008.htm。

② 最小阻力定律描述塑性变形金属流动规律的一种理论：如果物体在变形过程中其质点有向各个方向移动的可能性时，则物体各质点将向着阻力最小的方向移动。

③ 所谓黏性产业空间是指建立某一空间内产业的前向后向连接性、关联度和吸引力，有效地、长期地粘住空间内外资源、资本、人才等生产要素，进而粘住由要素带来企业集群，形成产业聚集空间。

系数（Locational Gini Indices），来考察制造业在东亚区域空间分布情况。

基尼系数是意大利经济学家基尼依据洛伦茨曲线提出的一个计算收入分配公平程度的统计指标。Keeble 等人（1986）将洛伦茨曲线和基尼系数用于测量行业在地区间的分配均衡程度。继 Krugman（1991）计算了美国 3 位数行业的区位基尼系数后，该指数逐渐成为测度产业空间分散的标准方法。当时，Krugman 的区位基尼系数是如此构造的：首先对样本中所有的区位单位，计算出全国制造业中的就业份额，以及在全国该行业就业中的份额。然后，根据这两个数字的比率对单位排序。最后，按照排序，依次计算出总就业份额的累积总和，以及行业的就业份额的累积总和。

区位基尼系数既可以用就业份额计算，也可以用增加值计算。Jörg Mayer（2004）利用下面公式，对 34 个经济体样本的区位基尼系数进行了计算。

国家或部门的区位基尼系数可以在调整的 Balasa 指数基础上计算。计算特定部门区域基尼系数，Balasa 指数可改写为：

$$B_{ij} = (q_{ij}/q_i)/(q_j/Q)$$

式中，q_{ij} 是国家 j 产业 i 增加值，q_i 是所有样本产业 i 增加值总和，q_j 是国家 j 总体制造附加值，Q 是所有样本整体制造业增加值。

笔者将其计算结果中关于东亚国家的数据截取如表 5.8 和表 5.9 所示。

表 5.8　　　　　　　制成品出口国家基尼系数

区域/经济体	1980~1981 年	1984~1986 年	1989~1991 年	1994~1996 年	1997~1998 年
日本	0.30	0.30	0.28	0.24	0.23
NIEs	**0.55**	**0.51**	**0.45**	**0.42**	**0.41**
中国香港	0.72	0.66	0.54	0.61	0.61
韩国	0.54	0.45	0.42	0.33	0.29
新加坡	0.40	0.41	0.42	0.45	0.45

续表

区域/经济体	1980 ~ 1981 年	1984 ~ 1986 年	1989 ~ 1991 年	1994 ~ 1996 年	1997 ~ 1998 年
中国台湾	0.56	0.53	0.40	0.30	0.31
ASEAN	**0.71**	**0.64**	**0.60**	**0.51**	**0.51**
马来西亚	0.71	0.62	0.57	0.49	0.46
菲律宾	0.71	0.65	0.62	0.53	0.56
中国大陆	0.67	0.71	0.62	0.60	0.54

资料来源：转引自 Jörg Mayer（2004），P.14，Table 2 相关数据。

表 5.9   **制造附加值国家基尼系数**

区域/经济体	1980 ~ 1981 年	1984 ~ 1986 年	1989 ~ 1991 年	1994 ~ 1996 年	1997 ~ 1998 年
日本	0.10	0.11	0.12	0.08	0.08
NIEs	**0.42**	**0.43**	**0.38**	**0.38**	**0.37**
中国香港	0.62	0.63	0.57	0.55	0.55
韩国	0.35	0.30	0.25	0.23	0.21
新加坡	0.34	0.37	0.35	0.40	0.39
中国台湾	0.38	0.41	0.34	0.33	0.34
ASEAN	**0.43**	**0.46**	**0.43**	**0.41**	**0.41**
马来西亚	0.43	0.45	0.40	0.41	0.40
菲律宾	0.44	0.46	0.46	0.42	0.43
中国大陆	0.41	0.39	0.39	0.46	0.41

资料来源：转引自 Jörg Mayer（2004）：15，Table 3 相关数据。

    结合表 5.8 和表 5.9，从以制成品出口数据计算的国家基尼系数来看，1980 ~ 1998 年，东亚区域韩国和马来西亚的变化较大；而以制造增加值数据计算的国家基尼系数来看，此二国的变化则要小得多。由此可见，一国制造业出口结构的变化与制造业收入结构的变化可能并不一致。

2. 东亚区域生产关联变化

东亚区域产业转移带来了整个东亚区域的产业结构变化，

东亚区域生产向更为一体化的方向迈进。对于区域间贸易的分析的确可以在某种程度上反映出这种变化趋势，但要将其量化则需要更为细致的考察，国家间投入—产出分析就是一个较好的分析工具。

国家间投入—产出模型通过外贸将各国经济连接起来，这样，我们就可以将国内的产业关联分析方法扩展到国家间的产业关联分析。然而，国家间产业关联分析并不仅仅是外贸对一国经济发展影响研究的扩展，它通过将各国对外贸易内生，使各国的各个进出口产品使用和生产部门连接起来，从而可以分析贸易伙伴国间相关部门的相互影响（张亚雄、赵坤，2006）。

日本亚洲经济研究所（IDE – The Institute of Developing Economies）编制的《亚洲国际投入—产出表》（AIO）为研究东亚区域各经济体之间的产业关联及结构变化提供了有力的工具。国家间投入—产出表的编制需要汇总不同经济体的数据，由于东亚各经济体编制本国投入—产出的年份不同，因而其编制具有滞后性。截至 2006 年，以本书研究的东亚 10 个经济体为对象的《亚洲国际投入—产出表》共有 1985 年、1990 年、1995 年、2000 年版。

借助该表的相关数据，我们首先来看一下 1985～2000 年东亚经济体投入—产出的变化，详见表 5.10。1985～2000 年，东亚除日本以外生产中总进口投入基本呈上升趋势，其中 1995 年新加坡和韩国曾有所下降，但 2000 年比 1995 年又有所回升。生产中进口投入的增加表明东亚除日本以外的经济体对进口中间投入依赖增强，而这其中包括日本在内的各东亚经济体对本区域的投入的依赖均有所增强。而从增加值来看，日本与韩国的增加值基本呈上升趋势，而其经济体的增加值则呈下降趋势，这也在某种程度上反映出各经济体间产业结构优化程度存在差别。

表 5.10　　　　　　　东亚主要经济体的投入—产出情况

来源	年份	印度尼西亚	马来西亚	菲律宾	泰国	新加坡	中国台湾	韩国	中国大陆	日本
本国投入	1985	0.3517	0.3367	0.3843	0.4073	0.2976	0.4614	0.4435	0.5008	0.4737
	1990	0.3724	0.3772	0.3791	0.3734	0.2565	0.4288	0.4527	0.5542	0.4601
	1995	0.3920	0.3371	0.3385	0.3719	0.3433	0.3863	0.4782	0.5547	0.4395
	2000	0.3873	0.3184	0.3178	0.3879	0.3545	0.3679	0.4303	0.5736	0.4279
总进口投入	1985	0.0624	0.1718	0.0797	0.0996	0.3353	0.1371	0.1289	0.0417	0.0481
	1990	0.0765	0.1496	0.1216	0.1520	0.3664	0.1411	0.1097	0.0451	0.0379
	1995	0.0692	0.2396	0.1452	0.1605	0.2868	0.1627	0.0611	0.0613	0.0305
	2000	0.0998	0.3005	0.1987	0.1797	0.3065	0.1688	0.1278	0.0678	0.0365
来自NIEs3	1985	0.0062	0.0298	0.0045	0.0106	0.0117	0.0022	0.0024	0.0010	0.0022
	1990	0.0083	0.0315	0.0153	0.0209	0.0188	0.0056	0.0030	0.0031	0.0024
	1995	0.0079	0.0397	0.0198	0.0189	0.0260	0.0090	0.0031	0.0071	0.0022
	2000	0.0093	0.0707	0.0332	0.0205	0.0153	0.0154	0.0047	0.0135	0.0029
来自ASEAN4	1985	0.0007	0.0073	0.0067	0.0112	0.0635	0.0062	0.0095	0.0011	0.0053
	1990	0.0017	0.0047	0.0054	0.0069	0.0462	0.0124	0.0062	0.0021	0.0033
	1995	0.0018	0.0096	0.0084	0.0097	0.0553	0.0094	0.0060	0.0026	0.0027
	2000	0.0055	0.0261	0.0156	0.0139	0.0495	0.0153	0.0086	0.0036	0.0035
来自中国大陆	1985	0.0012	0.0028	0.0040	0.0021	0.0350	0.0000	0.0000	0.0000	0.0019
	1990	0.0018	0.0032	0.0013	0.0049	0.0121	0.0000	0.0000	0.0000	0.0013
	1995	0.0018	0.0052	0.0036	0.0042	0.0072	0.0044	0.0053	0.0000	0.0015
	2000	0.0041	0.0095	0.0043	0.0086	0.0114	0.0059	0.0064	0.0000	0.0020
来自日本	1985	0.0121	0.0287	0.0051	0.0150	0.0338	0.0242	0.0241	0.0095	0.0000
	1990	0.0119	0.0311	0.0173	0.0306	0.0736	0.0300	0.0226	0.0053	0.0000
	1995	0.0100	0.0560	0.0191	0.0339	0.0663	0.0342	0.0196	0.0095	0.0000
	2000	0.0099	0.0516	0.0310	0.0333	0.0445	0.0358	0.0176	0.0087	0.0000

续表

来源	年份	印度尼西亚	马来西亚	菲律宾	泰国	新加坡	中国台湾	韩国	中国大陆	日本
来自东亚	1985	0.0202	0.0686	0.0203	0.0389	0.1440	0.0326	0.0360	0.0116	0.0094
	1990	0.0237	0.0705	0.0393	0.0633	0.1507	0.0480	0.0318	0.0105	0.0070
	1995	0.0215	0.1105	0.0509	0.0667	0.1548	0.0570	0.0340	0.0192	0.0064
	2000	0.0288	0.1579	0.0841	0.0763	0.1207	0.0724	0.0373	0.0258	0.0084
来自世界其他国家	1985	0.0423	0.1033	0.0595	0.0607	0.1913	0.1045	0.0930	0.0302	0.0387
	1990	0.0527	0.0790	0.0823	0.0888	0.2157	0.0998	0.0780	0.0346	0.0309
	1995	0.0476	0.1291	0.0944	0.0939	0.1320	0.1051	0.0271	0.0421	0.0242
	2000	0.0711	0.1427	0.1146	0.1033	0.1858	0.0963	0.0905	0.0421	0.0282
增加值	1985	0.5859	0.4915	0.5360	0.4931	0.3671	0.4015	0.4276	0.4575	0.4782
	1990	0.5511	0.4732	0.4993	0.4746	0.3771	0.4301	0.4376	0.4007	0.5020
	1995	0.5388	0.4233	0.5163	0.4676	0.3699	0.4510	0.4607	0.3840	0.5300
	2000	0.5129	0.3811	0.4835	0.4324	0.3390	0.4633	0.4419	0.3586	0.5356
产出	1985	1.0000	1.0000	1.0000	1.0000	1.0000	1.0000	1.0000	1.0000	1.0000
	1990	1.0000	1.0000	1.0000	1.0000	1.0000	1.0000	1.0000	1.0000	1.0000
	1995	1.0000	1.0000	1.0000	1.0000	1.0000	1.0000	1.0000	1.0000	1.0000
	2000	1.0000	1.0000	1.0000	1.0000	1.0000	1.0000	1.0000	1.0000	1.0000

注：产出 = 总投入 + 增加值，总投入 = 本国/地投入 + 总进口投入；总进口投入 = 来自东亚的投入 + 来自世界其他地区的投入；东亚投入 = 来自 NIEs3 + 来自 ASEAN4 + 来自日本 + 来自中国。

资料来源：笔者根据日本亚洲经济研究所《国际投入—产出表》，1985 年、1990 年、1995 年、2000 年版整理。

表 5.10 只是从本区域投入增加的角度反映了东亚区域内生产依赖，下面运用 1985 年和 1995 年《亚洲国际投入—产出表》计算东亚特定经济体最终需求单位增加引致的产出增加的程度，结果见表 5.11。

表5.11　东亚主要经济体间、产业间关联、最终需求的增加

	印度尼西亚	马来西亚	菲律宾	泰国	新加坡	中国台湾	韩国	中国大陆	日本	总计
生产增加										
本地生产										
1985年	1.6026	1.4722	1.6189	1.7045	1.5308	1.7638	1.6971	1.8965	1.8768	15.1631
1995年	1.5680	1.4469	1.4850	1.5685	1.5083	1.6420	1.6553	2.1608	1.8161	14.8511
1985~1995年	-0.0346	-0.0253	-0.1338	-0.1360	-0.0225	-0.1218	-0.0417	0.2644	-0.0607	-0.3121
NIES3										
1985年	0.0172	0.0914	0.0141	0.0278	0.0275	0.0050	0.0060	0.0029	0.0067	0.1987
1995年	0.0171	0.0728	0.0557	0.0381	0.0567	0.0222	0.0063	0.0227	0.0066	0.2981
1985~1995年	-0.0001	-0.0187	0.0417	0.0102	0.0292	0.0172	0.0003	0.0197	-0.0001	0.0995
ASEAN4										
1985年	0.0029	0.0186	0.0157	0.0159	0.1106	0.0119	0.0152	0.0031	0.0224	0.2163
1995年	0.0040	0.1088	0.0184	0.0162	0.0979	0.0221	0.0222	0.0078	0.0099	0.3072
1985~1995年	0.0011	0.0901	0.0027	0.0003	-0.0128	0.0102	0.0071	0.0048	-0.0125	0.0909
中国										
1985年	0.0041	0.0160	0.0130	0.0091	0.0714	0.0008	0.0007	0.0000	0.0061	0.1211
1995年	0.0053	0.0135	0.0135	0.0112	0.0281	0.0165	0.0153	0.0000	0.0056	0.1090
1985~1995年	0.0012	-0.0026	0.0006	0.0021	-0.0433	0.0157	0.0146	0.0000	-0.0005	-0.0121
新兴东亚不包括本地自己生产										
1985年	0.0242	1.5983	1.6616	1.7573	1.7404	1.7815	1.7189	1.9025	1.9120	0.5361

续表

	印度尼西亚	马来西亚	菲律宾	泰国	新加坡	中国台湾	韩国	中国大陆	日本	总计
1995 年	0.0264	0.1950	0.0877	0.0655	0.1827	0.0608	0.0438	0.0305	0.0221	0.7144
1985～1995 年	0.0022	0.0689	0.0449	0.0127	-0.0269	0.0431	0.0219	0.0245	-0.0131	0.1783
新兴东亚包括本地自己生产										
1985 年	1.6268	1.5983	1.6616	1.7573	1.7404	1.7815	1.7189	1.9025	1.9120	15.6992
1995 年	1.5944	1.6418	1.5727	1.6340	1.6910	1.7028	1.6991	2.1913	1.8382	15.5654
1985～1995 年	-0.0324	0.0436	-0.0889	-0.1233	-0.0494	-0.0787	-0.0198	0.2889	-0.0738	-0.1338
日本										
1985 年	0.0378	0.0839	0.0206	0.0488	0.0897	0.0627	0.0639	0.0327	0.0000	0.4401
1995 年	0.0263	0.1221	0.0657	0.0769	0.1777	0.0922	0.0479	0.0359	0.0000	0.6448
1985～1995 年	-0.0115	0.0382	0.0451	0.0281	0.0880	0.0296	-0.0160	0.0032	0.0000	0.2047
东亚不包括本地自己生产										
1985 年	0.0619	0.2100	0.0634	0.1017	0.2993	0.0803	0.0857	0.0387	0.0352	0.9762
1995 年	0.0527	0.3170	0.1534	0.1424	0.3604	0.1530	0.0916	0.0664	0.0221	1.3591
1985～1995 年	-0.0092	0.0689	0.0449	0.0127	-0.0269	0.0431	0.0219	0.0245	-0.0131	0.3830
东亚包括本地自己生产										
1985 年	1.6646	1.6822	1.6822	1.8062	1.8301	1.8441	1.7828	1.9352	1.9120	16.1393
1995 年	1.6207	1.7639	1.6384	1.7109	1.8688	1.7951	1.7470	2.2272	1.8382	16.2102
1985～1995 年	-0.0439	0.0817	-0.0438	-0.0953	0.0386	-0.0491	-0.0358	0.2920	-0.0738	0.0709

注: 此处 NIES3 指的是新加坡、中国台湾和韩国。
资料来源: Institute of Developing Economies, Asian International Input-Output Tables, 1985 and 1995 versions, 转引自 Shujiro Urata (2004), Table 6。

由表 5.11 可见，1985～1995 年，中国的情况较为特别。来自中国市场最终需求的单位增长，由 1985 年的可以引致本国生产 1.8956 个单位的增长，上升到 1995 年 2.1608 个单位的增长，而同期其他经济体的最终需求单位增长引致的本地生产增长却均在下降。总体来看，东亚区域最终需求的单位增长，由 1985 年引致 16.1393 单位的生产增长上升到 1995 年的 16.2102 个单位，也反映出 1985～1995 年间东亚区域内产业间联系在加深。

表 5.10 和表 5.11 只是借助国际投入—产出表以经济体为对象进行的粗浅的分析，若深入到不同经济体各个部门之间的关联将更为复杂，同时对于反映产业关联可能也更为有效。

小　结

东亚区域产业转移作为国际产业转移的一个典型代表，既具有国际产业转移的一般性，又具有其自身的独特性。笔者在本章运用了本书第 4 章中提炼出来的以技术创新为主线的分析思路，从产品、企业、产业、国家、区域/国际五个层面，结合贸易和投资两个主要媒介，分析影响东亚区域产业转移的三种主要力量：推力、拉力和阻力，从而追寻东亚地区生产区位分层次、有规律变化的相关动因，探寻未来发展方向。

本章的理论分析部分按照产品、企业、产业、国家、区域/国际五个层面的自身发展的规律及特点，逐一剖析了东亚的实际发展情况；而经验证明部分从贸易、投资及空间三个层面，运用相关数据及指标加以佐证。

本章实证分析较为粗略，笔者试图通过理论及经验的分析证明：东亚区域的发展由二战后区域产业整体转移带来的"雁行模式"向 20 世纪 80 年代中期后产业链拆分转移形成"区域生产网络"演进的必然性。

第6章 东亚区域产业转移的影响

区域产业转移直接影响到区域分工格局的形成及变化，影响产业结构的调整和升级，影响到区域经济乃至全球经济的增长和发展。东亚区域产业转移的影响涉及许多方面，本章仅从东亚区域产业转移的视角分析中美贸易失衡以及东亚区域一体化两个问题，以期更深刻地了解东亚区域产业转移给区域内外带来的影响。

6.1 东亚区域产业转移与中美贸易失衡

2005 年以来，"全球经济失衡"成为世界经济领域最热门的话题，中美贸易失衡更是议论的焦点。2005 年，中国贸易顺差激增至1020 亿美元，是 2004 年的 3 倍多；中美贸易顺差再创历史新高，达到 1142 亿美元。超过 1000 亿美元的对美顺差，使中国倍受世界关注。2006 年年初，美官方抛出《美中贸易关系：进入更大责任和执法新阶段》报告，伺机调整对华贸易政策。2006 年 12 月，中美首次战略经济对话在北京召开，核心问题仍是"贸易不平衡"。本节拟从东亚区域产业转移角度出发，解读全球经济失衡问题。

6.1.1 全球经济失衡与中美贸易失衡

广义地讲，全球经济失衡可以指世界经济任何方面的不平衡：经济发展的不平衡、南北贫富的差距、贸易和资本流动的不平衡等（施建淮，2006）；近年来备受各界关注并被广泛讨论的全球经济失衡主要是指：一国拥有巨额贸易赤字，而与该国贸易赤字相对应的贸易盈余则集中在其他少数国家。当前全球经济失衡的基本表现是：美国贸易赤字庞大、债务增长迅速，而日本、中国、亚洲其他主要新兴市场国家等对美国持有大量贸易盈余。[①] 简而言之，目前所探讨的全球经济失衡就是指美国对外贸易逆差。为什么把美国的失衡简称为全球经济失衡？中国社会科学院的李向阳研究员解释如下：目前，美国的经常账户逆差总额相当于全球主要顺差国顺差总额的3/4。也正是在这种意义上，我们把美国的经济失衡称为全球经济失衡（李向阳，2006）。

在对全球经济失衡问题的探讨中，中国又为何尤受关注呢？这是因为，一方面，中国是发展中国家中最为活跃的经济体，是目前世界上增长速度最快的国家，长期以来保持了较高的储蓄率，并且积累了大量的贸易顺差；另一方面，中美两国经贸往来发展迅速，现已互为重要的贸易伙伴。2005年，中国贸易顺差达到1020亿美元，对美顺差激增至1142亿美元，突破1000亿美元大关。对美贸易顺差的激增，加之出口和整体经济持续增长及继续增长的势头，以及长期以来稳定的汇率和较高的国内储蓄率，使中国在美国经济失衡的讨论中处境尴尬，美国企业及政府对中国的各种指责纷至沓来。那么，美中贸易逆差问题真如美国渲染的那么严重吗？其根本原因是什么？敦促中国单方作出调整就能解决这个问题吗？下面带着这些疑问展开分析。

6.1.2　中美贸易失衡的历史考察

中美两国自1979年建交以来，经贸往来日益加深。通过对1984～2005年间美国进口对象国变化的考察（见表6.1）发现，过去的20年间，中国对美国的出口比重节节攀升，中国对美出口占美国总进口的比重由1984年的0.99%上升到2005年的15.00%。中国对美出口占美国总进口的排名也直线上升，1984年排名19位，

[①]　2005年2月，国际货币基金组织总裁拉托在题为"纠正全球失衡——避免相互指责"的演讲中对"全球失衡"的概括。

1989 年跃进前 10 位，而后经历 1993～2001 年近乎 10 年之久的排名第 4 位后，于 2002 年超过日本跃居第 3 位，次年更是超过墨西哥上升到第 2 位，成为仅次于加拿大的对美出口金额最大的国家。可见，22 年间，中国逐渐成为美国的主要进口来源国。

表 6.1　中国对美国的出口排名及比重变化（1984～2005 年）

单位：10 亿美元

年份	1984	1985	1986	1987	1988	1989	1990	1991	1992	1993	1994
美国从中国进口额	3.38	4.22	5.24	6.91	9.27	12.84	16.26	20.28	27.45	33.67	41.35
美国从世界进口额	341.18	361.40	387.05	424.04	460.26	493.01	517.52	508.94	553.50	603.15	689.03
中国的排名	19	17	14	12	12	9	8	6	5	4	4
中国的比重%	0.99	1.17	1.35	1.63	2.01	2.6	3.14	3.98	4.96	5.58	6
年份	1995	1996	1997	1998	1999	2000	2001	2002	2003	2004	2005
美国从中国进口额	48.51	54.40	65.81	75.09	87.78	107.61	109.38	133.48	163.25	210.52	259.83
美国从世界进口额	770.82	817.63	898.03	944.35	1059.22	1258.08	1180.07	1202.28	1305.09	1525.27	1732.32
中国的排名	4	4	4	4	4	4	4	3	2	2	2
中国的比重%	6.29	6.65	7.33	7.95	8.29	8.55	9.27	11.1	12.51	13.8	15

资料来源：笔者根据 UN Comtrade Database SITC2 相关数据整理计算。

下面再来看一下同一时间段美国对中国的出口状况，见表 6.2。1984～2005 年间，美国也一直是中国主要的进口来源国，排名在 2～5 位；从比重上看，变化也不是很大，但自 2000 年以来呈现下降趋势。这反映出，美国虽然是中国主要的进口来源国，但近年来，中国对美国的进口增长速度低于中国总进口的增长速度。

表 6.2   美国对中国的出口排名及比重变化（1984～2005 年）

单位：10 亿美元

年份	1984	1985	1986	1987	1988	1989	1990	1991	1992	1993	1994
中国从美国进口额	3.87	4.74	4.67	4.81	6.65	7.84	6.57	8.00	8.90	10.69	13.89
中国从世界进口额	26.18	39.80	43.16	43.22	55.27	59.14	53.35	63.79	80.59	103.96	115.61
美国的排名	2	2	3	3	3	3	3	3	3	3	3
美国的比重（%）	14.78	11.91	10.83	11.13	12.03	13.25	12.32	12.54	11.05	10.28	12.02
年份	1995	1996	1997	1998	1999	2000	2001	2002	2003	2004	2005
中国从美国进口额	16.12	16.16	16.30	16.88	19.49	22.37	26.22	27.26	33.94	44.75	48.74
中国从世界进口额	132.08	138.83	142.37	140.24	165.70	225.09	243.55	295.17	412.76	561.23	659.95
美国的排名	2	3	3	2	3	4	4	4	4	4	5
美国的比重（%）	12.20	11.64	11.45	12.04	11.76	9.94	10.76	9.24	8.22	7.97	7.39

资料来源：笔者根据 UN Comtrade Database SITC2 相关数据整理计算。

再结合与表 6.1 和表 6.2 相同来源的数据分析可知：在中国对世界各国出口中，美国自 1999 年以来一直是中国最大的出口对象国，且与中国互为重要贸易伙伴；自 21 世纪以来，在中国对美国出口增加的同时，东亚其他经济体对美出口基本呈下降趋势。

表 6.3 和表 6.4 显示：20 世纪 80 年代以来，美国在最初的两年经常项目为顺差，数额及占 GDP 的比重不是很大，从 1982 年起美国经常项目开始出现逆差，1983～1987 年逆差增长较为迅速，而后又逐渐缩小，至 1991 年变为小额顺差，此后逆差比重虽有起伏，但基本呈持续增大之势，2005 年更是激增至 8000 亿美元。从两国经常项目收支占各自 GDP 的比重可知，两国的逆差和顺差的增长与整体经济增长速度相比，呈加快趋势，21 世纪以来更是呈强劲增长势头（见表 6.5）。

表6.3　　　　美国经常项目收支（1980~2005年）

单位：10亿美元

年份	1980	1981	1982	1983	1984	1985	1986	1987	1988	1989	1990	1991	1992
收支额	2.32	5.03	-5.53	-38.68	-94.32	-118.13	-147.18	-160.66	-121.16	-99.49	-78.97	2.90	-50.08
占GDP的比重（%）	0.1	0.2	-0.2	-1.1	-2.4	-2.8	-3.3	-3.4	-2.4	-1.8	-1.4	0.0	-0.8
年份	1993	1994	1995	1996	1997	1998	1999	2000	2001	2002	2003	2004	2005
收支额	-84.82	-121.61	-113.67	-124.90	-140.91	-214.07	-300.06	-416.01	-389.46	-475.20	-519.68	-668.08	-804.95
占GDP的比重（%）	-1.3	-1.7	-1.5	-1.6	-1.7	-2.4	-3.2	-4.2	-3.8	-4.5	-4.7	-5.7	-6.4

资料来源：IMF World Economic Outlook Database。

表 6.4　中国经常项目收支（1980~2005 年）

单位：10 亿美元

年份	1980	1981	1982	1983	1984	1985	1986	1987	1988	1989	1990	1991	1992
收支额	0.29	2.28	5.60	4.14	1.94	-11.51	-7.23	0.30	-3.80	-4.32	12.00	13.27	6.40
占 GDP 的比重（%）	0.1	0.8	2	1.4	0.6	-3.8	-2.4	0.1	-0.9	-1	3.1	3.3	1.3
年份	1993	1994	1995	1996	1997	1998	1999	2000	2001	2002	2003	2004	2005
收支额	-11.90	7.66	1.62	7.24	34.44	31.64	15.67	20.52	17.41	35.42	45.88	68.66	158.62
占 GDP 的比重（%）	-1.9	1.4	0.2	0.8	3.6	3.1	1.4	1.7	1.3	2.4	2.8	3.6	7.1

资料来源：IMF World Economic Outlook Database。

表 6.5　美中贸易收支（1984~2005 年）

单位：10 亿美元

年份	1984	1985	1986	1987	1988	1989	1990	1991	1992	1993	1994
美中贸易收支	0.49	0.52	-0.57	-2.10	-2.62	-5.00	-9.69	-12.27	-18.55	-22.99	-27.45
年份	1995	1996	1997	1998	1999	2000	2001	2002	2003	2004	2005
美中贸易收支	-32.39	-38.24	-49.51	-58.21	-68.29	-85.24	-83.16	-106.22	-129.31	-165.77	-211.09

资料来源：笔者根据 UN Comtrade Database SITC2 相关数据整理计算。

将表 6.3 和表 6.5 中的数据结合，做图 6.1。由图 6.1 易见：美国经常项目逆差的增长速度远快于美中逆差的增速。

（10 亿美元）

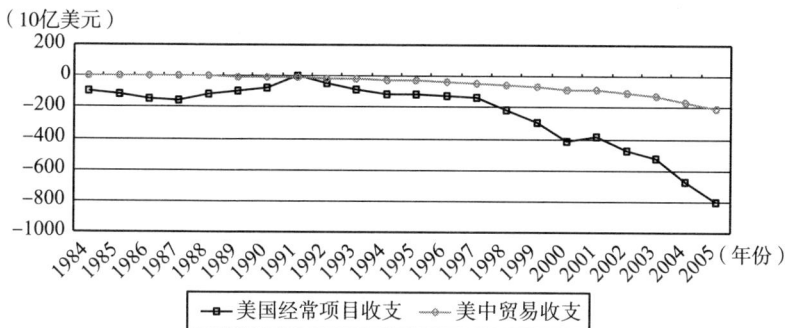

图 6.1 美国经常项目收支与美中贸易收支

由于统计口径等方面的差别，上面使用的数据与中美两国的官方统计都不尽相同。根据中国的统计，美国贸易 1993 年开始出现逆差，数额为 62 亿美元，到 2004 年上升到 803 亿美元，2005 年首次突破 1000 亿美元大关激增至 1142 亿美元；而根据美方的统计，1983 年美方开始有逆差，为 3 亿美元，到 2004 年上升到 1620 亿美元，截至 2005 年第四季度逆差为 2231 亿美元（调整后），2006 年第一季度逆差增长呈下降趋势。按美方统计，1988 年，中国开始进入美国的前 10 位逆差国行列，1989 年就从第 9 位发展到第 6 位，1990 年攀升到第 3 位，1991 年中国成为仅次于日本的第 2 大逆差对象国。2000 年以后，中国对美国贸易顺差超过日本，成为美国最大的贸易逆差国。此后贸易逆差继续攀升，到 2004 年，中国占美国全部贸易逆差达到 26.2%。① 在此不能轻易断言哪个来源的数据

① a）行走在失衡空间解读中美贸易巨额顺差的真相，http：//finance. sina. com. cn/g/20050626/11471725393. shtml；

b）中国人民银行：《二〇〇六年第一季度中国货币政策执行报告》第四部分宏观经济分析；

c）www. bea. gov。

更接近实际，仅列举几个造成这种差异的可能原因：统计中对于中国大陆从香港地区转口贸易以及对于服务贸易和技术贸易的处理等。

6.1.3 中美贸易失衡：东亚区域产业转移视角

从上面的分析可知，中美贸易失衡由来已久，并不是什么新现象。21 世纪以来，中美贸易失衡不断加剧，原因当然是多方面的，下面笔者尝试从东亚区域产业转移的视角出发作出一些解释。

如前所述，第二次世界大战后，东亚区域产业转移是在美国的庇佑下，由日本自身"废旧建新产业重构"推动的过程。随着这种区域内产业梯次传递，日本模式也逐渐被仿效，各国纷纷走上了出口导向型工业化道路。出口导向的发展战略，使包括日本在内的东亚经济体对区域外市场十分依赖。由于美国是东亚经济体最主要的贸易伙伴，是东亚经济体主要的出口市场，因而东亚经济体对美国市场严重依赖。Ozawa（2003）曾总结，减少贸易摩擦是日本生产向海外转移的三个重要原因之一。对美大量贸易顺差引起的两国间贸易摩擦，曾直接促使日本选择了"迂回生产"的策略，纷纷将产业转移到追随国，然后将最终产品从产地直接出口至美国市场，这就是典型的"三角贸易模式"，这种方式同样适用于东亚其他经济体。20 世纪 80 年代末的韩国和中国台湾也是通过上述的方式，来减少对美贸易顺差。

在东亚区域产业转移的同时，东亚各经济体对美贸易顺差也随之发生了转移。产业转入国借产业转移的契机大力发展生产，在工业化的道路上疾驰，这种疾驰需要大量地引进资金、进口资本品，而日本就充当了资金和资本品提供者的角色。这样一来，东亚其他经济体形成了以对美贸易顺差弥补对日贸易逆差的"赤字体制"。

随着经济全球化时代的到来，生产方式和国际分工模式发生了巨大的变化。20 世纪 90 年代以来，经济全球化大发展的同时，生产出现了非一体化的趋势。学者们纷纷用不同的名词来形容这种现象，如："垂直专业化"（vertical specialization）（Hummels，Rapoport and Yi，2001；Irwin，2002）、"价值链切片化"（slicing the value chain）（Krugman，1995、1996）、"外包"（outsourcing）（Rangan and Lawrence，1999；Hanson，Raymond and Slaughter，2002；Grossman and Helpman，2002、2004、2005）、"国际生产共享"（international production sharing）（Ng and Yeats，2001；Yeats，2002）、"生产过程分离化"或"生产过程分裂化"（production fragmentation）（Arndt and Kierzkowski，2001；Jones，2000；Jones and Kierzkowski，2001；Venables，1999；Baldwin，2001）、"产品内分工"（intra-product specialization）与"产业内贸易"（intra-industry trade）（Davis，1995；Davis and Weinstein，2000、2001）以及"生产非一体化"（disintegration of production）（Feenstra，1998）。无论名称如何，但本质上都是指生产环节的垂直分布。

20世纪90年代以来，随着生产方式及区域内情况的改变，东亚区域产业转移发生了重大变化。从国别上看，随着中国的和平崛起，日本、NIEs甚至东盟纷纷向中国转移生产；而从转移方式上看，由于生产方式的变革，工序型的转移逐渐代替了产业的整体搬迁。具体说来就是，中国从日本、韩国及中国台湾进口技术复杂的半成品（零件、组件、部件、中间材料），然后利用国内比较廉价的劳动力进行组装加工，再向以美国为主的国际市场出口（李晓等，2005）。

东亚区域以中国为枢纽的东亚—中国—美国"新三角贸易"模式正在形成，中国有可能逐步取代日本成为东亚地区产业结构调整的主要推动者，成为东亚地区生产过程分散化的核心引导者。这种新的贸易模式带来了贸易顺差在东亚区域内更大规模的转移，中国与日本等东亚国家贸易逆差增加，而与美国等国贸易顺差加大。

从上面的分析可知，中国在区域分工中主要承接了大量的组装、加工环节，相关数据也显示：加工贸易是中国贸易顺差的主要来源（见表6.6）。

表 6.6   中国贸易顺差的主要来源是加工贸易

年份	2000	2001	2002	2003	2004	2005
加工贸易顺差占总贸易顺差的比重	89.1	91.6	88.2	99.3	98.6	78.2
加工贸易顺差中来自于外资企业的比重	63.6	67.9	70.1	74.1	77.8	81
外资企业加工贸易顺差占总贸易顺差的比重	56.7	62.2	61.8	76	76.7	63.3

资料来源：中国国家统计局贸易外经统计司。

由"微笑曲线"可知，组装加工是价值链上附加值最低的环节。所以这种由东亚区域产业转移导致的中国对美国等国贸易顺差的增加，使中国处境尴尬：一方面，中国贸易顺差增速较快，使中国与美国等的贸易摩擦加剧，中国经常成为各国反倾销及制裁的对象；另一方面，中国的这种加工贸易多处于国际分工的低端，巨大顺差下面掩盖的是较低的增加值。

因而，中国对美国的巨额顺差是随着东亚区域分工格局及贸易格局的变化而增大的。伴随着大量的制造业向中国转移，中国正逐渐成为东亚的加工中心和"新三角贸易"的枢纽。中美贸易顺差实际是东亚各经济体的综合表现，中国替整个东亚承担了过多的指责。

6.2　东亚区域产业转移与东亚区域一体化

6.2.1　东亚区域一体化进程

从历史上看，较长一段时期内，东亚区域一体化一直是日本热衷的一个区域理想。为了实现这个理想，日本曾做出过很多努力。从"二战"前殖民主义的"大东亚共荣圈"，到"二战"后的"雁行模式"都是日本区域一体化构想的具体体现。

"大东亚共荣圈"遭到东亚其他经济体的唾弃，而"雁行模式"却较为有效地帮助日本实现了区域理想，并初步组建了东亚区域生产网络。生产网络对于东亚来说并不是一个新的概念。几十年来，日本通过其"雁行"理论，在网络的建立中发挥了主导作用。日本之后紧接着是亚洲新兴工业化经济体（中国香港、韩国、新加坡和中国台湾），然后是 ASEAN4（印度尼西亚、马来西亚、菲律宾、泰国）和中国，最近越南也跟进了。各国处于工业化发展的不同阶段，许多人认为"雁行"模式不再是亚洲增长的主要模式。然而，这一模式通过跨国公司的一系列跨国活动，包括贸易、FDI、许可、转包，初步建立起了区域生产网络，并增强了该区域的一体化程度（世界银行，2005）。

如前所述小岛清将"雁行模式"理论与一体化理论结合，他的目标是在太平洋地区建立保障区域稳定和经济发展的区域体系。20世纪60年代以来，他提出过很多关于一体化的构想，如：PAFTA（Pacific Asia Free Trade Area）、PECC（Pacific Economic Cooperation Conferences）、APEC（Asia-Pacific Economic Cooperation）（Pekka Korhonen，1994）。虽然小岛清的多数构想都未能实现，但他和其他一些日本学者倡议建立的亚太经济合作组织（APEC）最终还是得以实现。

APEC 的非正式、论坛性质的特点其实并不能解决太多的实际问题，近年来自由贸易协议（FTA）、经济合作伙伴协议（EPA）等制度化的一体化形式逐渐受到青睐，表 6.7 呈现了截至 2004 年东亚区域 FTA/EPA 的情况。

表 6.7　　　　　东亚 FTA/EPA 动向（截至 2004 年）

国家/地区	现状
日本—新加坡（EPA）	生效（2002 年 9 月）
日本—墨西哥（EPA）	完成谈判（2004 年 1 月）
日本—韩国（EPA）	谈判中（2003 年 12 月以来）
日本—马来西亚（EPA）	谈判中（2004 年 1 月以来）

国家/地区	现状
日本—泰国（EPA）	谈判中（2004 年 2 月以来）
日本—菲律宾（EPA）	谈判中（2004 年 2 月以来）
日本—印度尼西亚（EPA）	同意建立工作组（2003 年 7 月）
日本—澳大利亚（EPA）	同意建立工作组（2003 年 7 月）
日本—东盟（EPA）	经济伙伴关系框架协议（2003 年 10 月）谈判 2005 年开始
日本—中国—韩国（EPA）	执行 FTA 的联合声明（2003 年 10 月）
韩国—智利（FTA）	生效（2004 年 4 月）
韩国—新加坡（FTA）	研究中（2003 年春季以来）
韩国—新西兰（FTA）	研究中（2003 年 3 月以来）
韩国—东盟	同意建立工作组（2003 年 9 月）
中国—香港（CEPT）	生效（2004 年 1 月）
中国—东盟（FTA）	谈判中（2003 年 1 月）按照框架协议（2002 年 11 月）；初见成效（2004 年 1 月以来）
中国—新西兰（FTA）	框架协议（2004 年 6 月）；谈判 2005 年开始
香港—新西兰（CEPT）	谈判中（2001 年 1 月以来）
新加坡—新西兰（CEPT）	生效（2001 年 1 月）
新加坡—欧洲自由贸易协会（FTA）	生效（2003 年 1 月）
新加坡—美国（FTA）	生效（2004 年 1 月）
新加坡—澳大利亚（FTA）	谈判完成（2002 年 11 月）
新加坡—墨西哥（FTA）	谈判中（2000 年 7 月以来）
新加坡—加拿大（FTA）	谈判中（2002 年 1 月以来）
新加坡—P3（FTA）	同意开始谈判（2002 年 10 月）
新加坡—印度（FTA）	同意开始谈判
泰国—巴林（FTA）	框架协议（2002 年 12 月）
泰国—澳大利亚（FTA）	谈判中（2002 年 8 月以来）
泰国—美国（FTA）	谈判中（2003 年以来）
东盟—印度（FTA）	框架达成（2003 年秋）
东盟—美国（FTA）	框架协议（2003 年 9 月）
东盟—欧盟（FTA）	框架协议（2004 年 4 月）
东盟—CER（澳大利亚 - 新西兰）（CER）	AFTA - CER 紧密经济伙伴关系联合声明（2002 年 9 月）

资料来源：Kawai（2004），表 4。

Fujita（2004）运用图 6.2 展示了东亚通过"轮轴—轮毂"双边主义的 FTA 形成的"多米诺"过程。

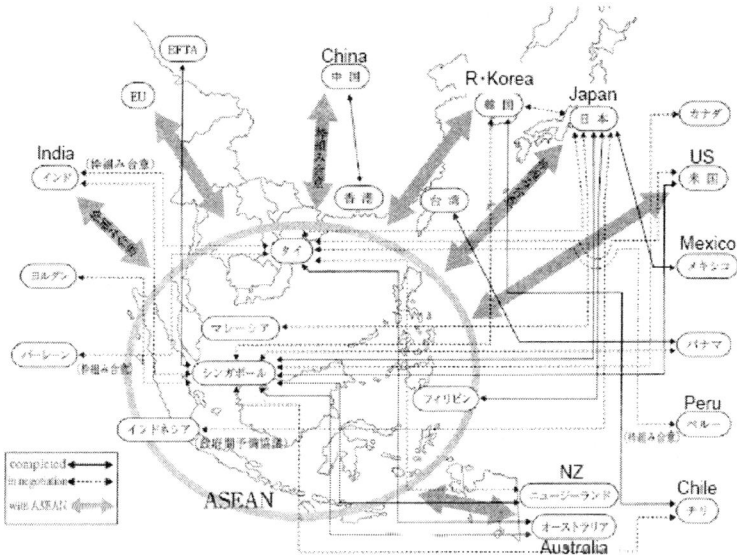

图 6.2　东亚区域演进的 FTAs

资料来源：Fujita（2004）。

6.2.2　东亚区域一体化前景：东亚区域产业转移视角

1997 年的亚洲金融危机，使东亚经济体深刻地体会到面对金融危机单个国家的势单力薄；同时，国际组织的救援不力，也促使东亚经济体寻求更为有效的危机防范及救助机制。而欧元区的成立，为东亚区域一体化提供了一个可供学习的榜样。危机的驱使加之榜样的感召，东亚区域货币合作积极开展起来。区域货币合作需要来自实体经济合作的支撑，而区域一体化较低阶段的自由贸易区，由于实施起来较为简单而受到青睐。区域货币合作尽管存在不同的发展阶段，但最终很可能向区域一体化的最高形式"最优货币区"

迈进。

来自空间经济学的推断表明，区域一体化使国家的界限弱化，区域一体化条件下国际区域之内的产业可能像在国内区域一样重新定位。这样一来，在一体化的条件下，区域产业转移很可能带来产业在各经济体内重新分布的重大变化，各经济体的产业结构将更为异化。

产业结构的相似是促成了区域一体化高级形式——"最优货币区"形成的必要条件，而区域一体化环境中的产业转移又将导致各经济体产业差异化，"区域一体化的悖论"由此而来。

小　　结

本章并没有对东亚区域产业转移各方面的影响进行面面俱到的分析，而是以东亚区域产业转移为视角分析了中美贸易失衡以及东亚区域一体化这两个问题，简要说明东亚区域产业转移对区域外及区域内的影响。

在本章，笔者试图说明：从东亚区域产业转移这样一个视角出发，人们可以对诸如中美贸易失衡和东亚区域一体化之类较为熟知的现象形成新的、更为深刻的认识。

第7章 东亚区域产业转移与中国

自改革开放以来，中国通过接受来自世界尤其是东亚的产业转移，实现了经济的崛起和腾飞，在世纪之交成为所谓的"世界工厂"。30年之后，当我们再来审视中国在东亚区域产业转移中的地位和作用时，发现中国正处在一个重要的节点上：由于国内外环境的变化和发展观的转型，中国之前单纯强调吸引外资和加工出口的增长方式面临挑战，东部沿海地区一方面需要部分向外转移劳动密集型的产业或环节，另一方面又要寻求产业升级的路径。这一过程中，中国面临的机遇与挑战并存。

7.1 东亚区域产业转移过程中中国的角色转换

如前所述，在东亚的"雁阵"式经济起飞过程中，中国最开始只是一只"尾雁"，扮演的是产业转移承接者的角色。但是，凭借着低廉的劳动力价格、扭曲的生产要素成本、对外资的优惠政策以及对环境因素的忽视，中国成为世界上吸引FDI最多的发展中国家和新兴的贸易大国，同时也依靠多样化的产业结构和庞大的经济实力，打乱了原本秩序井然、层级分明的"雁阵"结构，崛起成为介于东亚与欧美之间的加工厂与出口平台。

这样的角色，随着中国对原有增长模式的反思以及科学发展观的逐步推行，也逐步发生变化。一个典型事件，就是2008年以来广东省政府针对珠三角提出的"腾笼换鸟"政策。这一事件标志着中国已经不再单单是产业转移的承接者，而是成为产业转移的引领者。

7.1.1 中国角色转换的背景

1. 国际背景

（1）次贷危机及其影响。

2007 年年初，次贷危机首先在美国爆发，并迅速在发达国家的金融市场上蔓延。在各国政府和央行的联手救市措施下，虽几经反复，却愈演愈烈，严重冲击了全球金融体系尤其是美国的华尔街投行模式，导致金融机构破产事件频发。当时 IMF 预计美国损失超过 1 万亿美元，将成为自 1929～1933 年大危机以来最严重的危机。

次贷危机爆发的根本原因，在于美国居民储蓄率过低和习惯借贷消费的现实。此前不断上涨的楼市所带来的财富效益曾经支撑了这种模式，从而刺激了次级抵押贷款的大量孳生，美国的金融机构又以这些次级贷款为标的打包创造了不少新的金融产品。但在楼市价格趋冷之后，先是这些次级贷款人开始断供，而后又在这些金融创新产品和金融市场上引发连锁效应，最终打击了美国的实体经济。在次贷危机的冲击下，美国原有的经济增长模式必将被迫转型，可能转而依靠低汇率带动出口来促进经济增长。这样一来，以美国进口为主要动力的全球经济增长模式也将随之改变。在这一过程中，受影响最严重的，则是东亚的出口导向型经济体，其中又以中国首当其冲。

近年来，在生产过程分散化的推动下，东亚的中间产品和半成品贸易迅速增加，制造业和加工业逐渐向中国汇集，使中国成为东亚的生产聚合地和出口平台。次贷危机爆发后，中国对美国的出口直线下降。尽管这其中有人民币升值、出口退税政策调整和劳动力成本上升等因素，但美国的消费和进口萎缩，无疑也是重要原因。欧美目前仍是中国最大的出口市场，对欧美出口的减少使中国东部沿海地区的出口企业生存受到威胁，迫使它们向外进行产业转移、寻找新的机会。

（2）新兴经济体的加入。

在世界经济的版图上，东亚一直是一个充满活力的地区，除了先后获得快速增长的日本、NIEs、ASEAN4 和中国外，其他新兴经济体，如越南、老挝等也开始吸引人们的目光。

这些经济体同改革开放之初的中国一样，也面临着工业化的压力，其政府也有推动工业化、实现经济增长的动机，而身处东亚的环境中，它们会自然而然地模仿此前东亚经济体所采取的"引进FDI—加工贸易"的经济增长模式。近年来，越南就越来越成为受外资青睐的地区，其吸引外资的数额一直稳步增长。①

由于这些国家的发展阶段和发展程度都较低，劳动等生产要素的价格也比较低，政府针对外资采取了一系列优惠措施，同时又有东亚经济一体化过程中逐渐完善的制度保障。而且，它们同样身处东亚，同中国地理临近、交通便利，因而极有可能成为下一波产业转移的承接者。

2. 国内背景

（1）科学发展观的出台。

2008 年，中国政府提出"科学发展观"这一重要理念，即强调"坚持以人为本，树立全面、协调、可持续的发展观，促进经济社会和人的全面发展"。

在这一理念的指导下，中国也对此前的出口导向型战略作出了调整，包括人民币汇率形成机制调整、降低出口退税的份额和范围、限制"两高一资型"产品的出口、内外资企业两税合一等，并且通过了新的《劳动法》和《劳动合同法》，使劳动者能切实从经济发展中获得好处。

当然，从宏观的角度来说，以上这些政策措施，从长远来看将有利于提高中国人民的福利和整个国家的实力，改变此前"国富民

---

① 有人认为，继"金砖四国"之后（BRICs，即巴西、俄罗斯、印度和中国），新一批新兴经济体正在崛起，其中的代表就是所谓的"VISTA 五国"，即越南、印度尼西亚、南非、土耳其和阿根廷。

穷"的局面,但对于出口导向型的企业来说,这些措施的推行,无疑会提高它们的生产成本,削弱它们在全球价值链上本已薄弱的竞争力,迫使它们要么寻求升级,要么对外转移。此前的日本与 NIEs 都是在这种压力下实现了转型,中国也不例外。

(2)宏观调控的影响。

在连续保持了 5 年 10% 以上的高速增长之后,自 2007 年以来,中国开始出现经济过热的趋势,CPI 开始攀升,2008 年 2 月份达到近十多年以来的高点(8.7%)。这一轮通货膨胀,既有国际资源型产品(原油、铁矿石等)价格暴涨的输入因素,也有中国自身的一些问题,如经常项目和资本项目双顺差所导致的流动性过剩。

在这种情况下,国家开始采取紧缩性货币政策,连续提高存款准备金率和利率、实行信贷控制等,这些措施对于降低通货膨胀率是必要的,但对于本身就缺乏资金且融资渠道又极为狭窄的中小企业是一个很大的打击。2008 年以来,东部沿海地区的中小企业都出现了不同程度的经营困难,甚至出现了一些外资企业一夜之间人去楼空的案例。

7.1.2 中国产业转移的路径

笔者认为,与早先日本和 NIEs 的情况不同,由于中国幅员广阔,有更大的战略纵深,且地区之间存在着比较大的差异,因此,当中国东部沿海地区的企业考虑产业转移时,既可以选择越南、老挝等后发经济体,也可以选择中国的中部、西部等后发地区。向国外转移还在国内转移,取决于企业自身对成本与收益的权衡。

1. 国际转移

从日本到 NIEs,又从 NIEs 到中国,一些所谓的"边际产业"呈瀑布状在区域内传递,现在又轮到中国担当"二传手"的角色,下一棒的选手是包括越南、印度在内的后发经济体。中国能不能在扮演好这个角色的同时使自己获得产业升级的好处,将在很大程度上决定下一步经济发展的动力。

从历史制度的角度分析，历史上"下南洋"的人口迁移活动使华人的足迹遍布整个东南亚，即使他们只占当地人口的少数，但仍然控制着很多国家的经济命脉（Peng，2002）。这也是亨廷顿（1998）为什么认为"除了日本和韩国外，东亚经济基本上是华人经济"的原因。

这种文化上和血缘上的联系，为中国企业在东亚区域内的转移提供了可能性，但究竟能不能顺利地"走出去"并且"留下来"，还要看当地政府能不能提供一个稳定安全的投资环境、有没有比较完备的企业网络和浓厚的商业氛围、基础设施是否完善等；只有当这些方面所带来的收益大于产业转移的成本，中国的企业才会选择向这些国家和地区进行产业转移。

2. 国内转移

早在 20 世纪 80 年代，国内就流行过产业梯度转移说，认为东部、中部、西部地区之间的产业结构存在着梯度差，随着东部地区的经济发展和产业升级，可以顺理成章地把衰落的产业转移到中部和西部。21 世纪初期，也有人建议，中国国内的产业转移可以模仿"雁行模式"（关志雄，2002）。当然，这种提法很大程度上是在当时西部大开发背景下对产业梯度转移理论的一种呼应。

但是，中国条块分割的经济现状决定了国内产业转移也不可能是简单地从东部流向中部和西部，而更可能是以现有区域为核心、成涟漪状由近及远展开。主要原因如下：首先，国内比较发达的区域，如珠三角、长三角，都处于次发达或不发达区域的包围中，一旦企业有产业转移的动向，周边地区必将争相开出优惠条件以使自己成为转移的对象。其次，出于税收、就业等方面的考虑，转出省份的政府会出面积极推动产业转移在本省之内进行，以收到"肥水不流外人田"的效果，比如东莞产业转移的重要目的地，就是珠三角周边的梅州、惠州、肇庆等地。再次，对于转出企业来说，选择距离比较近的周边地区，既能获取当地政府提供的诸如土地、税收等方面的优惠政策，又没有远离原有的产业聚集区，仍然能够获得中间产品、人才、物流等方面的便利条件。最后，转移到周边地区，无论是从体制因素、成本节约还是从人文环境、观念认同等方面看，都比转移到更远的中西部地区更为可行。

7.2　东亚区域产业转移带给中国的机遇和挑战

回顾中国改革开放三十多年来的经济发展历程，一个明显的趋势就是中国越来越深地融入全球经济之中，并且开始发挥越来越大的作用。中国同外部的经济联系，可以说直接起步于东亚经济体的"辅导"与熏陶，甚至在 30 年之后，这种痕迹仍然明显地存在于中国同世界的联系中。

7.2.1　东亚区域产业转移对中国的机遇

1. 投资和贸易成为中国经济增长的动力

由于政府主导型发展的传统和对外开放以来的路径依赖，中国经济增长的动力主要是投资和出口，内需对经济增长的拉动直到近些年来才有所起色。这种发展模式，实际上一直没有脱离"强政府"和"出口导向"的东亚特色。之所以出现这种情况，其重要原因就是东亚区域产业转移所导致的关联效应。

从统计数据（见表 7.1）中可以看出，东亚是中国吸引外资的最重要的来源，在 20 世纪 90 年代初期，来自东亚的 FDI 一度超过总量的80%，其中港资地位更是举足轻重。[①] 此后，虽然港资占比在逐渐下降，但东亚其他国家（地区）的资金却越来越多地向中国大陆集中。作为一个整体，东亚区域一直占有超过一半的份额，依旧是中国吸收 FDI 的主要来源。

---

①　原因一方面在于中国人重视社会网络的传统为港资提供了更多便利，另一方面则是香港在向金融与物流中心转变的过程中，制造业越来越成为边际产业，逐渐向大陆转移，而且香港作为国际金融中心，也发挥了汇集资金转而向大陆投资的功能（王静文，2007）。

表 7.1　　　　　　20 世纪 90 年代以来中国大陆引进 FDI
　　　　　　　　　 的主要来源地及占比　　　　　　单位：%

年份	中国香港	日本	中国台湾	韩国	ASEAN5	东亚	美国	欧盟
1990	53.91	14.44	6.38	—	0.02	74.75	13.08	4.23
1991	55.09	12.20	10.68	1.06	1.88	80.92	7.40	5.63
1992	68.20	6.45	9.54	1.37	2.41	87.97	4.64	2.21
1993	62.78	4.81	11.41	2.14	3.62	84.76	7.50	2.44
1994	58.24	6.15	10.04	2.15	5.54	82.13	7.38	4.55
1995	53.47	8.28	8.43	2.79	7.00	79.97	8.22	5.68
1996	49.56	8.82	8.33	3.60	7.63	77.95	8.25	6.56
1997	45.59	9.56	7.27	4.92	7.55	74.90	7.65	9.22
1998	40.71	7.48	6.41	3.97	9.23	67.80	8.58	8.75
1999	40.58	7.37	6.45	3.16	8.12	65.69	10.46	11.11
2000	38.07	7.16	5.64	3.66	6.97	61.50	10.77	11.00
2001	35.66	9.28	6.36	4.59	6.34	62.22	9.46	8.92
2002	33.86	7.94	7.53	5.16	6.07	60.56	10.28	7.03
2003	33.08	9.45	6.31	8.39	5.33	62.56	7.85	7.35
2004	31.33	8.99	5.14	10.30	4.80	60.57	6.50	6.99
2005	24.79	9.02	2.97	7.14	4.06	47.97	4.23	7.17

注：ASEAN5 指新加坡、印尼、马来西亚、菲律宾和泰国。
资料来源：www.fdi.gov.cn,《中国统计年鉴》历年。

　　除了 FDI 之外，东亚同样是中国进口的主要来源，而欧美地区则成为中国出口的重要市场，中国由此成为"东亚—中国—欧美"之间三角贸易的枢纽（见表 7.2）。

表 7.2　　　　　　1990～2005 年中国大陆主要贸易伙伴　　　　单位：%

年份	进口				出口			
	1990	1995	2000	2005	1990	1995	2000	2005
亚洲	53.9	59.1	62.8	66.9	70.8	61.8	53.1	48.1
日本	14.2	22.0	18.4	15.2	14.5	19.1	16.7	11.0
中国香港	26.5	6.5	4.2	1.9	42.9	24.2	17.9	16.3

续表

年份	进口				出口			
	1990	1995	2000	2005	1990	1995	2000	2005
韩国	1.3	7.8	10.3	11.6	2.0	4.5	4.5	4.6
中国台湾	—	11.2	11.3	11.3	—	2.1	2.0	2.2
ASEAN5	5.5	7.1	9.3	10.9	6.0	6.1	6.1	6.3
美国	19.9	12.2	9.9	7.4	11.4	16.6	20.9	21.4
欧洲	12.3	21.1	18.1	14.6	8.3	15.4	18.3	21.7

注：ASEAN5 指新加坡、印尼、马来西亚、菲律宾和泰国；欧洲包括中国在欧洲所有的贸易伙伴。

资料来源：《中国统计年鉴》1991、1996、2001、2006 年，转引自王静文（2007）。

FDI 是产业转移的主要渠道，由此带来的中间产品贸易进口是产业转移的重要表现，在这两方面，东亚的地位都举足轻重。来自东亚的产业转移，对于中国以投资和出口为主要动力的增长模式起到了重要的推动作用。从宏观统计数据上看，中国已经连续数年成为全世界吸引 FDI 最多的发展中国家，自 2004 年起成为世界第三大贸易国，自 2006 年起成为外汇储备最多的国家，出口产品结构中的高技术产品比重甚至超过了不少发达国家，在国际经济中的地位与作用都得到了巨大提升。

2. 对东亚区域产业转移有利于中国经济的转型

尽管中国原有的经济增长模式取得了令人瞩目的成绩，但这一模式的弊端却越来越引起人们的注意：对出口和顺差的片面追求使中国经历了越来越多的国际经济摩擦，国际上要求人民币升值的声浪此起彼伏；从国内来看，竞争主要集中于价值链的低端，制造业的劳动工资几乎数十年没有上涨，以市场换技术的初衷没有达到，生态环境恶化的后果却在逐渐显现。

按照美国著名经济学家迈克尔·波特的国家竞争优势理论，一国或地区竞争力的发展通常有四个阶段，即要素驱动阶段、投资驱动阶段、创新驱动阶段和财富驱动阶段。从日本和 NIEs 的发展情况来看，它们都是在原有的劳动密集型产业的生存空间日益缩小的情况下，将这些产业向外转移到了东盟和中国，从而为自身的产业升级腾出了空间，从要素驱动阶段过渡到了投资驱动阶段。

中国目前同样面临着这样的问题，此前依靠扭曲的要素价格和对环境资源的破坏所带来的增长模式已经开始转型，"国富民穷"的局面也会逐步改善，在这一过程中，受冲击最严重的将是那些没有核心竞争力、只是靠低劳动价格、低汇率和出口退税政策支撑的中小企业。随着这些边际产业的逐步转移，中国将会在产业阶梯上实现升级，经济增长将会转型为主要依靠内需拉动的更为稳健的模式。

7.2.2 东亚区域产业转移对中国的挑战

1. 劳动密集型产业的转出不利于就业

在"强政府"主导型的经济发展模式中，为了保证政权的合法性基础，政府必然有保持经济持续增长、使人民能从经济增长中获得好处的动机。一旦经济增长放缓，失业增加，社会则会存在不稳定的隐患。只要经济持续增长，所有的问题都可能在做大"蛋糕"的过程中解决，或至少暂时掩盖。这就是改革开放30多年来中国年均GDP增长率水平较高的原因之一。

目前，中国正在经历经济增长方式的转变，即从之前主要依靠投资和出口转为主要依靠内需，减少对外部市场的依赖，获得内源性的增长。出口的减少，将不可避免地以牺牲经济增长为代价。而且，由于中国的出口产品多集中在劳动密集型产业或环节，这一部分的转型或转移，则会直接影响到就业，甚至可能导致失业率上升。这也是政府在出口退税政策和人民币升值速度上摇摆不定的原因。

2. 可能面临"产业空心化"的挑战

从总体上看，中国经济规模庞大、产业门类齐全，现有的产业转移不会导致中国出现"产业空心化"的现象，但就某一个地区而言，则必须考虑"产业空心化"的可能。

以珠三角的东莞为例，东莞的经济发展模式是典型的以出口加工为主，因而也必然是广东省产业结构调整中受影响最大的地区。广东省政府为东莞加工贸易转型升级提出的试点目标是："通过5～10年的努力，加工贸易企业经营业务从劳动密集型、资源密集型向资金技术密集型或技术密集型转变；经营方式从 OEM 向 ODM 再到 OBM 转变；经营路径从加工制造环节向营销服务环节转变；实现产品和产业升级，拥有自主品牌、自主知识产权，提升产业的国际竞争力。"其具体的操作手段，就是所谓的"腾笼换鸟"政策，即把低端的产业、低附加值的环节转移出去，然后再通过一定的方式与手段，如招商引资、扶持发展等，把技术含量和附加价值更高的企业扶持起来，实现产业的调整和提升。

东莞的试点，是地方政府在不利的市场环境中主动应对挑战的表现，在某种程度上值得肯定，而且政府确实采取了一些措施（如提高租金等）来驱逐一些中小企业。但必须要强调的是，产业转移在很大程度上是市场行为，即使政府能够通过种种手段迫使一些企业转移出去，但能不能如其所愿地吸引来技术含量和附加值更高的企业，又如何甄别这类企业，却并不是政府所能够预见的，一旦结果不理想，则不可避免地会出现"产业结构空心化"的问题。

小　　结

自改革开放以来，中国同东亚之间有着比较良好的互动，通过接受主要来自东亚的产业转移，中国实现了快速的经济增长，并成长为"世界工厂"。但在30多年之后，当我们再来重新审视中国在东亚区域产业转移中的地位和作用时，发现中国正处在一个重要的节点上，其扮演的角色也在发生变化。

之前的中国是单纯的产业转移的承接者，现在，却在一定程度上扮演起了发起者的角色。其国际背景，一方面，2008年次贷危机以及其后的全球经济危机给出口型中小企业带来了极大的困难；另一方面，越南等新兴经济体为东亚的产业转移提供了新的目的地；国内背景，则是在科学发展观出台和政府宏观调控下，中国的经济发展路径开始修正。从转移方向来看，沿海地区的中小企业既可以选择外转，也可以选择内转。中国多样化的经济环境，提供了更多的选择空间。

东亚区域产业转移，对中国而言机遇与挑战并存。一方面，在东亚其他经济体的影响下，中国被纳入依靠投资与贸易的东亚式发展路径，获得了经济的快速增长，而模仿东亚其他经济体进行产业转移同样有利于中国经济的转型；另一方面，对外进行产业转移可能会影响到中国的就业，甚至可能导致"产业空心化"，对此政府应该引起足够的重视。

结　　论

　　本书详细地回顾了东亚区域产业转移的形成与演进，发现：随着转移产业性质的变化，东亚区域产业转移从依据比较优势垂直分工为主的"雁行模式"下的产业链整体转移，发展为当今的依据产业链垂直与水平分工并存的区域生产网络下的生产工序或生产环节的转移。

　　由于东亚区域产业转移是国际产业转移的典型代表，本书回到思维的起点，从更为一般的国际产业转移角度分析东亚区域产业转移问题。通过梳理国际产业转移的相关研究，将国际产业转移的本质界定为：一种具有时间和空间双重维度的经济现象，另一种新质的经济运动过程，在时间上表现为历时与共时兼容，在空间上表现为生产区位的跨国界变动，是产业扩散（the spread of industry）的动态过程，并且这一运动过程与技术创新密切相关。

　　本书致力于构建国际产业转移研究框架，抽象出两种现象（优序和周期）、三种力量（推力、拉力、阻力）、五个层面（产品、企业、产业、国家、区域/国际），并强调技术创新的作用。书中强调对国际产业转移的分析可按五个层面展开，并简要列举了相关分析指标。而后运用上述框架证明了，东亚区域的发展由第二次世界大战后区域产业整体转移带来的"雁行模式"向20世纪80年代中期后产业链拆分转移形成"区域生产网络"演进的必然性。

　　本书揭示了从东亚区域产业转移这样一个视角出发，可以对诸如中美贸易失衡和东亚区域一体化之类较为熟知的现象形成新的、更为深刻的认识。并指出随着中国在东亚区域产业转移中角色的转变，东亚区域产业转移的形式也可能随之改变。

国际产业转移研究框架的构建是本书最主要的创新，而借助新经济地理学等研究视角和工具、运用《亚洲投入—产出表》对东亚区域产业转移问题进行分析在国内也属于较新的研究视角和方法。

但是本书在量化分析和国际比较分析上显得不足，因而加强东亚区域产业转移与世界其他地区产业转移的比较研究并进行进一步的实证研究，是本人今后研究深入的方向。

参 考 文 献

［1］Kathie Krumm，Homi Kharas. 东亚一体化：共享增长的贸易政策议程［C］. 赵中伟，王旭辉译，北京：中国财政经济出版社，2004.

［2］Mqurice Schiff，L. Alan Winters. 区域一体化与发展［C］. 郭磊译，北京：中国财政经济出版社，2004.

［3］［澳］杨小凯，黄有光. 专业化与经济组织———一种新兴古典微观经济学框架［M］. 张玉纲译，北京：经济科学出版社，1997.

［4］［韩］安忠荣. 现代东亚经济论［M］. 田景等译，北京：北京大学出版社，2004.

［5］［荷］S. 布雷克曼，［荷］H. 盖瑞森，［荷］C. 范·马勒惠克. 地理经济学［M］. 西南财经大学文献中心翻译部译，成都：西南财经大学出版社，2004.

［6］［美］阿瑟·刘易斯. 国际经济秩序的演变［M］. 乔依德译，北京：商务印书馆，1984.

［7］［美］阿瑟·刘易斯. 二元经济论［M］. 施炜，谢兵，苏玉宏译，北京：北京经济学院出版社，1989.

［8］［美］阿瑟·刘易斯. 经济增长理论［M］. 周师铭，沈丙杰，沈伯根译，北京：商务印书馆，1999.

［9］［美］艾伯特·赫希曼著. 经济发展战略［M］. 曹征海，潘照东译，北京：经济科学出版社，1991.

［10］［美］保罗·克鲁格曼. 地理和贸易［M］. 张兆杰译，

北京：北京大学出版社，中国人民大学出版社，2000.

　　[11]［美］保罗·克鲁格曼.流行的国际主义［M］.张兆杰，张曦，钟凯锋译，北京：中国人民大学出版社，北京大学出版社，2000.

　　[12]［美］保罗·克鲁格曼.克鲁格曼国际贸易新理论［M］.黄胜强译，北京：中国社会科学出版社，2001.

　　[13]［美］查尔斯·P.金德尔伯格.世界经济霸权1500～1990［M］.高祖贵译，北京：商务印书馆，2003.

　　[14]［美］高柏.日本经济的悖论——繁荣与停滞的制度性根源［M］.刘耳译，北京：商务印书馆，2004.

　　[15]［美］塞缪尔·亨廷顿.文明的冲突与世界秩序的重建［M］.北京：新华出版社，1998.

　　[16]［美］罗伯特·吉尔平.全球资本主义的挑战——21世纪的世界经济［M］.杨宇光，杨炯译，上海：上海人民出版社，2001.

　　[17]［美］迈克尔·波特.竞争战略［M］.陈小悦译，北京：华夏出版社，1997.

　　[18]［美］迈克尔·波特.竞争优势［M］.陈小悦译，北京：华夏出版社，1997.

　　[19]［美］迈克尔·波特.国家竞争优势［M］.李明轩，邱如美译，北京：华夏出版社，2002.

　　[20]［美］钱纳里，鲁宾逊，赛尔奎因.工业化和经济增长的比较研究［M］.上海：三联书店，1989.

　　[21]［美］约瑟夫·E·斯蒂格利茨，沙希德·尤素福.东亚奇迹的反思［C］.王玉清，朱文晖等译，北京：中国人民大学出版社，2000.

　　[22]［美］托马斯·弗里德曼.世界是平的［M］.何帆，肖莹莹，郝正非译，长沙：湖南科学技术出版社，2006.

　　[23]［美］瓦西里·里昂惕夫.投入产出经济学［M］.崔书

香，潘省初，谢鸿光译，北京：中国统计出版社，1990.

[24] [美] 瓦西里·里昂惕夫. 经济学论文集——理论、事实与政策 [M]. 陈冰，解书森译，北京：北京经济学院出版社，1991.

[25] [美] 西蒙·库兹涅茨. 各国的经济增长 [M]. 北京：商务印书馆，1999.

[26] [美] SHAHID YUSUF 等. 东亚创新 未来增长 [M]. 北京：中国财政经济出版社，2004.

[27] [美] SHAHID YUSUF 等. 全球生产网络与东亚技术变革 [M]. 中国社会科学院亚太所译，北京：中国财政经济出版社，2005.

[28] [美] SHAHID YUSUF. 全球变革与东亚政策倡议 [M]. 北京：中国财政经济出版社，2005.

[29] [日] 安场保吉，猪木武德. 日本经济史 8：高速增长 [M]. 连湘等译，北京：生活·读书·新知三联书店，1997.

[30] [日] 渡边利夫. 中国制造业的崛起与东亚的回应——超越“中国威胁论”[M]. 倪月菊，赵英等译，北京：经济管理出版社，2003.

[31] [日] 宫崎义一. 日本经济的结构和演变——战后 40 日本经济发展的轨迹 [M]. 孙汉超等译，北京：中国对外经济贸易出版社，1990.

[32] [日] 关满博. 东亚新时代的日本经济——超越“全套型”产业结构 [M]. 上海：上海译文出版社，1997.

[33] [日] 青木昌彦，安藤晴彦. 模块时代：新产业结构的本质 [M]. 周国荣译，上海：上海远东出版社，2003.

[34] [日] 苔莎·莫里斯－铃木. 日本的技术变革——从十七世纪到二十一世纪 [M]. 马春文，项卫星，李玉蓉译，北京：中国经济出版社，2002.

[35] [日] 藤田昌久，[美] 保罗·克鲁格曼，[英] 安东尼·

J·维纳布尔斯. 空间经济学——城市、区域与国际贸易 [M]. 梁琦主译, 北京: 中国人民大学出版社, 2005.

[36] [日] 小岛清. 对外贸易论 [M]. 周宝廉译, 天津: 南开大学出版社, 1987.

[37] [日] 小林实. 东亚产业圈 [M]. 中国亚洲太平洋地区经济研究所译, 上海: 上海人民出版社, 1994.

[38] [日] 中村隆英. 日本经济史7: "计划化"和"民主化" [M]. 胡企林等译, 北京: 生活·读书·新知三联书店, 1997.

[39] 安虎森. 空间经济学原理 [M]. 北京: 经济科学出版社, 2005.

[40] 陈岩. 国际一体化经济学 [M]. 北京: 商务印书馆, 2001.

[41] 陈建军. 产业区域转移与东扩西进战略——理论和实证分析 [M]. 北京: 中华书局, 2002.

[42] 陈建军. 亚洲经济发展导论 [M]. 上海: 上海人民出版社, 2006.

[43] 戴宏伟. 国际产业转移与中国制造业发展 [M]. 北京: 人民出版社, 2006.

[44] 丁敏. 日本产业结构研究 [M]. 北京: 世界知识出版社, 2006.

[45] 郭万达, 朱文晖. 中国制造——"世界工厂"正转向中国 [M]. 南京: 江苏人民出版社, 2003.

[46] 海闻. 国际贸易: 理论·政策·实践 [M]. 上海: 上海人民出版社, 智慧出有限公司, 1993.

[47] 韩友德. 20世纪90代东亚地区的生产分工与贸易结构研究——以中国、日本、韩国为主分析 [D]. 华东师范大学博士论文, 2006.

[48] 贾根良, 梁正. 东亚模式的新格局 [M]. 太原: 山西人民出版社, 2002.

[49] 江小涓. 经济转轨时期的产业政策 [M]. 上海：上海三联书店，1996.

[50] 李平. 技术扩散理论及实证研究 [M]. 太原：山西经济出版社，1999.

[51] 李晓. 东亚奇迹与"强政府"——东亚模式的制度分析 [M]. 北京：经济科学出版社，1996.

[52] 李晓. 东亚区域产业循环与中国工业振兴 [M]. 吉林：吉林大学出版社，2000.

[53] 李晓，丁一兵. 亚洲的超越——构建东亚区域货币体系与"人民币亚洲化"[M]. 北京：当代中国出版社，2006.

[54] 梁琦. 产业集聚论 [M]. 北京：商务印书馆，2004.

[55] 林亮. 区域经济联系与产业转移——以浙、沪经济关系为例 [D]. 浙江大学硕士论文，2003.

[56] 林毅夫，蔡昉，李周. 中国的奇迹：发展战略与经济改革 [M]. 北京：三联书店，2004.

[57] 刘伟等. 工业化进程中的产业结构研究 [M]. 北京：中国人民大学出版社，1995.

[58] 刘小瑜. 中国产业结构的投入产出分析 [M]. 北京：经济管理出版社，2003.

[59] 娄晓黎. 产业转移与欠发达区域经济现代化 [D]. 东北师范大学博士论文，2004.

[60] 卢根鑫. 国际产业转移论 [M]. 上海：上海人民出版社，1997.

[61] 芮明杰. 产业经济学 [M]. 上海：上海财经大学出版社，2005.

[62] 芮明杰，刘明宇，任江波. 论产业链整合 [M]. 上海：复旦大学出版社，2006.

[63] 沈红芳. 东亚经济发展模式比较研究 [M]. 厦门：厦门大学出版社，2002.

[64] 石磊. 中国产业结构成因与转换 [M]. 上海: 复旦大学出版社, 1996.

[65] 汪斌. 东亚工业化浪潮中的产业结构研究——兼论中国参与东亚国际分工和产业结构 [M]. 杭州: 杭州大学出版社, 1997.

[66] 汪斌. 国际区域产业结构分析导论——一个一般理论及其对中国的应用分析 [M]. 上海: 上海人民出版社, 2001.

[67] 汪斌. 全球化浪潮中当代产业结构的国际化研究——以国际区域为新切入点 [M]. 北京: 中国社会科学出版社, 2004.

[68] 王静文. 东亚区域生产网络研究 [D]. 吉林大学博士论文, 2007.

[69] 王振锁, 李钢哲. 东亚区域经济合作: 中国与日本 [C]. 天津: 天津人民出版社, 2002.

[70] 吴明芬. 环境管制对产业国际竞争力及东亚经济成长之影响——多国动态 CGE 模型之应用 [D]. 台湾中原大学硕士论文, 2000.

[71] 伍华佳, 苏东水. 开放经济条件下中国产业结构的演化研究 [M]. 上海: 上海财经大学出版社, 2007.

[72] 徐宏玲. 模块化组织研究 [M]. 成都: 西南财经大学出版社, 2006.

[73] 俞国琴. 中国地区产业转移 [M]. 上海: 学林出版社, 2006.

[74] 张碧琼. 国际资本流动与对外贸易竞争优势 [M]. 北京: 中国发展出版社, 1999.

[75] 张捷. 奇迹与危机——东亚工业化的结构转型与制度变迁 [M]. 广州: 广东教育出版社, 1999.

[76] 张瑞玲. 台湾产业空洞化之研究——台商赴中国大陆投资的观察 [D]. 国立中山大学中山学术研究所, 2005.

[77] 张曙宵. 中国对外贸易结构论 [M]. 北京: 中国经济出

版社，2003.

　[78] 张秀生，卫鹏鹏. 区域经济理论 [M]. 武汉：武汉大学出版社，2005.

　[79] 张亚雄，赵坤. 区域间投入产出分析 [M]. 北京：社会科学文献出版社，2006.

　[80] 张岩贵. 日本与东亚地区的贸易、投资关系 [M]. 天津：天津人民出版社，2003.

　[81] 白玫. 企业迁移的三个流派及其发展 [J]. 经济学动态，2005 (8)：83 - 88.

　[82] 北京大学中国经济研究中心课题组. 中国出口贸易中的垂直专门化与中美贸易 [J]. 世界经济，2006 (5)：3 - 11.

　[83] 贝毅，曲连刚. 知识经济与全球经济一体化——兼论知识经济条件下国际产业转移的新特点 [J]. 世界经济与政治，1998 (8)：28 - 30.

　[84] 车维汉. 雁行形态理论及实证研究综述 [J]. 经济学动态，2004 (11)：88 - 90.

　[85] 车维汉."雁行形态"理论研究评述 [J]. 世界经济与政治论坛，2004 (3)：88 - 92.

　[86] 陈刚，张解放. 区际产业转移的效应分析及相应政策建议 [J]. 华东经济管理，2001 (2)：24 - 26.

　[87] 戴金平，王晓天. 中国的贸易、境外直接投资与实际汇率的动态关系分析 [J]. 数量经济技术经济研究，2005 (11)：35 - 45.

　[88] 关志雄. 中日经济间的互补关系 [EB/OL]. [2001 - 11] www. rieti. go. jp/users/ china-tr/jp/011129taigai. pdf.

　[89] 关志雄. 构筑起中国国内的雁行布局 [EB/OL]. [2002 - 2 - 1]. http：//china-review. com/ fwsq/rieti. htm.

　[90] 关志雄. 从美国市场看"中国制造"的实力——以信息技术产品为中心 [J]. 国际经济评论，2002 (7 - 8)：5 - 12.

　[91] 关志雄. 模块化与中国的工业发展 [EB/OL]. http：//www.

rieti. go. jp/users/kan-si-yu/cn/c020816. html.

[92] 国家统计局国际统计信息中心课题组. 国际产业转移的动向及我国的选择 [J]. 统计研究, 2004 (4): 3-5.

[93] 何旭强, 高道德. 证券市场价格信号的资源配置有效性——价格信号引导产业转移的考察 [J]. 经济研究, 2001 (5): 61-68.

[94] 贺俊, 毛科君. 国际间产业转移对产业组织的影响——以家用电器业为例 [J]. 经济纵横, 2002 (6): 11-16.

[95] 胡俊文. "雁行模式" 理论与日本产业结构优化升级——对 "雁行模式" 走向衰落的再思考 [J]. 亚太经济, 2003 (4): 24-27.

[96] 金熙德. 后 "雁行模式" 时代的中日关系 [J]. 世界经济与政治, 2002 (8): 17-19.

[97] 李丹阳, 韩增林. 东北产业空间转移的特点和趋势 [J]. 国土与自然资源研究, 2005 (3): 1-3.

[98] 李锋. 国内外关于产业区域转移问题研究观点述评 [J]. 经济纵横, 2004 (6): 59-61.

[99] 李海舰, 聂辉华. 全球化时代的企业运营——从脑体合一走向脑体分离 [J]. 中国工业经济, 2002 (12): 5-14.

[100] 李慧中, 黄平. 中国 FDI 净流入与贸易条件恶化: 悖论及解释 [J]. 国际经济评论, 2006 (5-6): 48-51.

[101] 李向阳. 全球经济失衡及其对中国经济的影响 [J]. 国际经济评论, 2006 (3-4): 19-20.

[102] 李晓. 论日本在东亚经济发展中的地位与作用 [J]. 世界经济, 1995 (1): 59-66.

[103] 李晓. 论东亚区域产业循环机制 [J]. 世界经济, 1998 (3): 26-31.

[104] 李晓, 丁一兵, 秦婷婷. 中国在东亚经济中地位的提升: 基于贸易动向的考察 [J]. 世界经济与政治论坛, 2005 (5):

1 - 7.

[105] 李晓，王静文. 美国经济霸权与全球经济失衡 [J]. 东北亚论坛，2007（2）：3 - 7.

[106] 李月芬. 中国亟待建立一个以所有权为基础的贸易差额统计体系 [J]. 国际经济评论，2006（1 - 2）：32 - 38.

[107] 李准晔，金起洪. 中韩贸易结构分析 [J]. 中国工业经济，2002（2）：1 - 6.

[108] 刘辉煌，杨胜刚，张亚斌，熊正德. 国际产业转移的新趋向与中国产业结构的调整 [J]. 求索，1999（1）：4 - 9.

[109] 刘菁，任曙明. 跨国公司国际产业转移演变机制研究 [J]. 经济与管理，2005（10）：16 - 18.

[110] 刘曙光，杨华. 山东半岛与韩国经济合作的战略研究 [J]. 东北亚论坛，2005（1）：94 - 97.

[111] 刘秀莲. 东亚经济能否稳定并持续增长的产业 [J]. 太平洋学报，2002（2）：60 - 66.

[112] 刘志彪，刘晓昶. 垂直专业化：经济全球化中的贸易和生产模式 [J]. 经济理论与经济管理，2001（10）：4 - 9.

[113] 柳剑平，孙云华. 垂直专业化分工与中国对东亚经济体的贸易逆差——兼及中国对美国贸易顺差的比较分析 [J]. 世界经济研究，2006（7）：16 - 23.

[114] 卢锋. 产品内贸易——一个分析框架 [J]. 经济学（季刊），2004（1）：55 - 82.

[115] 卢根鑫. 试论国际产业转移的经济动因及其效应 [J]. 学术季刊，1994（4）：33 - 42.

[116] 鲁桐. 产品周期理论的意义及其缺陷 [EB/OL]. 2001 - 07 - 27. http：//old. iwep. org. cn/chinese/gerenzhuye/lutong/wenzhang/chan_pin_zhou_qi - lutong. pdf.

[117] 冒洁生，费兴旺：简论日本贸易立国战略及对中国的启迪 [J]，求是学刊，1998（1）：35 - 38.

[118] 潘伟志. 论经济全球化与加快产业转移 [J]. 生产力研究, 2003 (4): 209 - 216.

[119] 潘悦. 国际产业转移的四次浪潮及其影响 [J]. 现代国际关系, 2006 (4): 25 - 29.

[120] 平新乔. 产业内贸易理论与中美贸易关系 [J]. 国际经济评论, 2005 (9 - 10): 12 - 14.

[121] 秦婷婷. 论东亚区域产业循环机制的变化: 兼论中国的地位和影响 [J]. 北华大学学报 (社会科学版), 2007 (3): 49 - 53.

[122] 任兆璋, 宁忠忠. 人民币实际汇率与贸易收支实证分析 [J]. 现代财经, 2004 (11): 29 - 34.

[123] 沈国兵. 美中贸易收支与人民币汇率关系: 实证分析 [J]. 当代财经, 2005 (1): 43 - 47.

[124] 施建淮. 全球经济失衡的调整及其对中国经济的影响 [J]. 国际经济评论, 2006 (3 - 4): 23 - 31.

[125] 苏华. 产业转移理论与实践认识的两个误区 [J]. 兰州大学学报 (社会科学版), 2001 (1): 139 - 142.

[126] 谭介辉. 从被动接受到主动获取——论国际产业转移中我国产业发展战略的转变 [J]. 世界经济研究, 1998 (6): 65 - 68.

[127] 汪斌, 邓艳梅. 中日贸易中工业制品比较优势及国际分工类型 [J]. 世界经济, 2003 (4): 21 - 25.

[128] 汪斌, 赵张耀. 国际产业转移理论评述 [J]. 浙江社会科学, 2003 (6): 23 - 26.

[129] 王静文, 秦婷婷. 从东亚经验看我国的技术学习与自主创新 [J]. 经济视角, 2007 (3): 34 - 36.

[130] 王溶花, 陈玮玲. 国际产业转移的新趋势与应对思路 [J]. 科技情报开发与经济, 2006 (3): 116 - 117.

[131] 王兴中. 要素流动与我国地带间的产业梯度转移 [J].

改革与战略, 2006（1）：94 - 96.

　　[132] 魏后凯. 产业转移的发展趋势及其对竞争力的影响 [J]. 福建论坛（经济社会版）, 2003（4）：11 - 15.

　　[133] 魏燕慎. "雁行模式"式微 多元分工格局初现 [J]. 当代亚太, 2002（7）：29 - 32.

　　[134] 文玫. 中国工业在区域上的重新定位和集聚 [J]. 经济研究, 2004（2）：84 - 94.

　　[135] 武娜. 试析跨国公司技术创新全球化对国际产业转移的影响 [J]. 环渤海经济瞭望, 2005（2）：14 - 15.

　　[136] 谢建国, 陈漓高. 人民币汇率与贸易收支 [J]. 世界经济, 2002（9）：27 - 34.

　　[137] 杨丹辉. 国际产业转移的动因与趋势 [J]. 河北经贸大学学报, 2006（3）：40 - 46.

　　[138] 杨公齐. 国际产业转移、市场经济与区域合作 [J]. 广东金融学院学报, 2005（2）：76 - 79.

　　[139] 杨鲁慧. 东北亚地方经济合作与国际产业转移——以山东半岛制造业基地建设为例 [J]. 当代亚太, 2004（10）：51 - 55.

　　[140] 原小能. 国际产业转移新趋势与江苏产业升级 [J]. 南京财经大学学报, 2004（6）：21 - 24.

　　[141] 原小能. 国际产业转移规律和趋势分析 [J]. 上海经济研究, 2004（2）：31 - 35.

　　[142] 邹平学. 反省与超越——东亚宪政主义发展的路径与模式 [EB/OL]. http：//news. 9ask. cn/zt/2007/72671. html.

　　[143] 张伟, 李俊. 国际制造业的转移与产业集群 [J]. 晋阳学刊, 2005（6）：46 - 49.

　　[144] 张幼文. 要素流动与全球经济失衡的历史影响 [J]. 国际经济评论, 2006（3 - 4）：43 - 45.

　　[145] 赵曙东、钱曾玉. 劳动工资吸引 FDI 的效应分析：以东亚地区为例 [EB/OL]. http：//old. cenet. org. cn/cn/readnews. asp?

newsid = 21839。

[146] 赵张耀，汪斌. 网络型国际产业转移模式研究 [J]. 中国工业经济，2005 (10)：12 - 19.

[147] Ahearne A. G. , John G. Fernald, Prakash Loungani, John W. Schindler. Flying Geese or Sitting Ducks：China's Impact on the Trading Fortunes of other Asian Economies Board of Governors of the Federal Reserve System [EB/OL]. International Finance Discussion Papers No. 887, 2006.

[148] Akamatsu, Kaname. Wagakuni yomo kogyohin no susei [Trend of Japan's wooden product industry] [J]. Shogyo Keizai Ronso, 1935 (13)：129 - 212.

[149] Akamatsu K. A Theory of Unbalanced Growth in the World Economy [J]. *Weltwirtschaftliches Archiv*, 1961, 86 (2) 196 - 217.

[150] Akamatsu, K. Historical Pattern of Economic Growth in Developing Countries [J]. *Developing Economies*, Preliminary issue, 1962 (1) 3 - 25.

[151] Ando, Mitsuyo and Fukunari Kimura. The Formation of International Production/ Distribution in East Asia [EB/OL]. NBER Working Paper No. 10167, 2003.

[152] Ando, Mitsuyo and Fukunari Kimura. New Dimensions of International Production Sharing in East Asia：Evidence from International Trade Data and Japanese Micro Data [EB/OL]. http：//www. fbc. keio. ac. jp/jsie/12 - 1_Ando_full. pdf, 2004.

[153] Ando, Mitsuyo. Fragmentation and Vertical intra-industry in East Asia [J]. *North American Journal of Economics and Finance*, 2006, 17 (3)：257 - 281.

[154] Athukorala, Prema-chandra. Product Fragmentation and Trade Patterns in East Asia [EB/OL]. http：//www. hiebs. hku/hk/aep/ Athukorala. pdf, 2003.

[155] Athukorala, Prema-chandra and Nobuaki Yamashita. Production Fragmentation and Trade Integration: East Asia in a Global Context [J]. *North American Journal of Economics and Finance*, 2006, 17 (3): 233 – 256.

[156] Balassa, B. Trade Liberalization and Revealed Comparative Advantage [J]. *Manchester School*, 1965, 33 (2): 99 – 123.

[157] Balassa, B. Revealed Comparative Advantage Revisited: An Analysis of Relative Export Shares of the Industrial Countries, 1953 – 1971 [J]. *Manchester School*, 1977, 45 (4): 327 – 344.

[158] Bayoumi, T. and G. Lipworth. Japanese Foreign Direct Investment and Regional Trade [EB/OL]. IMF Working Paper No. 103, 1997.

[159] Bernard, Mitchell and John Ravenhill. Beyond Product Cycles and Flying Geese: Regionalization, Hierarchy, and the Industrialization of East Asia [J]. *World Politics*, 1995, 47 (2): 171 – 209.

[160] Deng, Ziliang and Honglin Guo. How East Asian Industry Transfer Affects the Sino-US Trade Imbalance [EB/OL]. Briefing Series-Issue 8, 2006.

[161] Eichengreen, Barry. Global Imbalances and the Lessons of Bretton Woods [EB/OL]. NBER Working Paper No. 10497, 2004.

[162] Eichengreen, Barry, Yeongseop Rhee and Hui Tong. The Impact of China on the Export of Other Asian Countries [EB/OL]. NBER working paper No. 10768, 2004.

[163] Fujita, Masahisa. The Future of East Asian Regional Economies [EB/OL]. International Symposium on Globalization and Regional Integration (from The Viewpoint of Spatial Economics), 2 December 2004.

[164] Fukao, Kyoji, Hikari Ishido and Keiko Ito. Vertical Intra-Industry Trade and Foreign Direct Investment in East Asia [EB/OL]. RI-

ETI Discussion Paper Series 03 – E – 001, 2003.

[165] Furuoka, Fumitaka. Japan and the 'Flying Geese' Pattern of East Asian Integration [J]. East Asia. 2005, 4 (1): 1 – 3.

[166] Gary C. Hufbauer. Synthetic Materials and the Theory of International Trade [M]. Cambridge: Harvard University Press, 1966.

[167] Gereffi, G. and M. Korzeniewicz. Commodity Chains and Global Capitalism [M]. Westport: Greenwood Press, 1994.

[168] Gereffi, G. Global production systems and Third World development, In Stallings, B. (Ed.), *Global Change, Regional Response: The New International Context of Development* [C]. New York: Cambridge University Press, 1995.

[169] Gereffi, G. International Trade and Industrial Upgrading in the Apparel Commodity Chains [J]. *Journal of International Economics*, 1999, 48 (1): 37 – 70.

[170] Gereffi, G., J. Humphrey, and T. Sturgeon. The Governance of Global Value Chain. *Review of International Political Economy* [J], 2003, 12 (1): 78 – 104.

[171] Greenaway, D, R. C. Hine and C. Milner. Country-Specific Factors and the Pattern of Horizontal and Vertical Intra-Industry Trade in UK [J]. *Weltwirtschaftliches Archiv*, 1994, 130 (1): 77 – 100.

[172] Grubel, G. and P. Lloyd. *Intra-Industry Trade: The Theory and Measurement of International Trade in Differentiated Products* [M]. London: Macmillan and New York: Wileys, 1975.

[173] Hart-Landsberg M., Paul Burkett. Contradictions of Capitalist Industrialization in East Asia: A Critique of "Flying geese" Theories of Development [J]. *Economic Geography*, 1998, 74 (2): 87 – 110.

[174] Hummels D., Dana Rapoport, and Kei-Mu Yi. Vertical Specialization and the Changing Nature of World Trade [J]. *Economic*

Policy Review, 1998, 4 (2): 79 – 99.

[175] Hummels D., Jun Ishii, Kei-Mu Yi. The Nature and Growth of Vertical Specialization in World Trade [J]. *Journal of International Economics*, 2001, 54 (1): 75 – 96.

[176] John D. Garwood. An Analysis of Postwar Industrial Migration to Utah and Colorado [J]. *Economic Geography*, 1953, 29 (1): 79 – 88.

[177] Jones, Ronald and H. Kierzkowsk. "The Role of Services in Production and International Trade: A Theoretical Framework". In R. Jones and A. Krueger (Eds.), The Political Economy of International Trade [C]. Oxford: Basil Blackwell, 1990.

[178] Jones, Ronald, Henryk Kierzkowski and Chen Lurong. What Does Evidence Tell Us about Fragmentation and Outsourcing [J]. *International Review of Economics and Finance*, 2005, 14 (3): 305 – 316.

[179] Kasahara, Shigehisa. The Flying Geese Paradigm: A Critical Study of Its Application to East Asia Regional Development [EB/OL]. UNCTAD/OSG/DP/2004/3, Working Paper, 2004.

[180] Kawai, Masahiro, Trade and Investment Integration for Development in East Asia: A Case for the Trade-FDI Nexus [EB/OL], World Bank Working Paper, 2004.

[181] Kimura, Fukunari. Production Networks and De Facto Integration in East Asia [EB/OL]. http://www. kiet. re. kr/kiet/main. files/images/20050701 – 2/07. pdf, 2005.

[182] Kimura, Fukunari. International Production and Distribution Networks in East Asia: Eighteen Facts, Mechanics and Policy Implication [J]. *Asian Economic Policy Review*, 2006, 1 (2): 326 – 344.

[183] Kojima, Kiyoshi. The 'Flying Geese' Model of Asian Economic Development: Origin, Theoretical Extensions, and Regional Policy Implications [J]. *Journal of Asian Economics*, 2000, 11 (4): 375 –

401.

[184] Kojima, Kiyoshi and Terutomo Ozawa. Micro-and Macro-economic Models of Direct Investment: Toward a Synthesis [J]. *Hitotsubashi Journal of Economics*, 1984, 25 (1): 1 -20.

[185] Kojima, Kiyoshi and Terutomo Ozawa. Toward a Theory of Industrial Restructuring and Dynamic Comparative Advantage [J]. *Hitotsubashi Journal of Economics*, 1985, 26 (2): 135 -145.

[186] Korhonen, Pekka. The Theory of the Flying Geese Pattern of Development and Its Interpretations [J]. *Journal of Peace Research*, 1994, 31 (1): 93 -108.

[187] Krugman, Paul. The Myth of Asia's Miracle [J]. *Foreign Affairs*, Vol. 73, 1994 (6): 62 -78.

[188] Krugman, Paul. What Happened to East Asia [EB/OL]. http: //webt. mit. edu/krugman/www/, 1998.

[189] Krugman, Paul and Anthony Venables. Globalization and the Inequality of Nations [J]. *The Quarterly Journal of Economics*, 1995, 110 (4): 857 -880.

[190] Kwan, Chi Hung. The Rise of China and Asia's Flying-Geese Pattern of Economic Development: An Empirical Analysis Based on US Import Statistics [EB/OL]. Nomura Research Institute Papers, 2002, No. 52.

[191] Lee, CH. On Japanese Macroeconomic Theories of Direct Foreign Investment [J]. *Economic Development and Cultural Change*, 1984, 32 (4): 713 -723.

[192] Liu, Li -Gang, China's Role in the Current Global Economic Imbalance [EB/OL]. RIETI Discussion Paper Series 05 -E -010, 2005.

[193] Longhi, S. , Peter Nijkamp, Iulia Traistaru, Economic Integration and Manufacturing Location in EU Accession Countries [EB/

OL]. Research Memorandum, Vrije Universiteit Amsterdam, 2004.

[194] Mayer, Jörg. Industrialization in Developing Countries: Some Evidence from a New Economic Geography Perspective, No. 174, UNCTAD Discussion Papers from United Nations, August 2004.

[195] METI. White Paper on International Economy and Trade 2006, Toward "Sustained Potential for Growth" -Enhanced Productivity Through Globalization and Japan as an " Investment Powerhouse" (Overview) [EB/OL], http: //www. meti. go. jp/english/.

[196] Murphy K. M. , Andrei Shleifer and Robert W. Vishny, Industrialization and the Big Push [J]. *The Journal of Political Economy*, 1989, 97 (5): 1003 - 1026.

[197] Newman R. J. Industry Migration and Growth in the South [J]. *The Review of Economics and Statistics*, 1983, 65 (1): 76 - 86.

[198] Ng, Francis and Alexander Yeats. Production Sharing in East Asia: Who Does What for Whom and Why [EB/OL]. World Bank Staff Paper, 2002.

[199] Ng, Francis and Alexander Yeats. Major Trade Trends in East Asia: What are Their Implications for Regional Cooperation and Growth [EB/OL]. World Bank Policy Research Working Paper, No. 3084, 2003.

[200] Ozawa, Terutomo. Foreign Direct Investment and Economic Development [J]. *Transnational Corporations*, 1992, 1 (1): 27 - 54.

[201] Ozawa, Terutom. Foreign Direct Investment and Structural Transformation: Japan as a Recycler of Market and Industry [J]. *Business and the Contemporary World*, 1993, 5 (2): 129 - 149.

[202] Ozawa, Terutomo. The Hidden Side of the ' Flying-geese' Catch-up Model: Japan's Dirigiste Institutional Setup and a Deepening Financial Morass [J]. *Journal of Asian Economics*, 2001 (12): 471 -

491.

[203] Ozawa, Terutomo. The Internet Revolution, Networking, and the 'Flying-geese' Paradigm of Structural Upgrading [J]. *Global Economy Quarterly*, 2001 (11): 1 – 18.

[204] Ozawa, Terutomo, Pax-Americana-led Macro-Clustering and Flying-Geese-Style Catch-Up in East Asia: Mechanisms of Regionalized Endogenous Growth [EB/OL], 2002a.

[205] Ozawa, Terutomo. Flying-Geese-Style Comparative Advantage Recycling and Regionally Clustered Growth: Theoretical Implications of the East Asian Experience [EB/OL]. Workshop Paper, 2002b.

[206] Ozawa, Terutomo. Toward a Theory of Hegemon-led Macro – Clustering. in Peter Gray (ed.), *Extending the Eclectic Paradigm in International Business*, Cheltenham, Glos: Edward Elgar, 2003a: 201 – 225.

[207] Ozawa, Terutomo. Structural Transformation, Flying-geese Style and Industrial Clusters: Theoretial Implications of Japan's Postwar Experience, Paper Presented at the Conference on Clusters, Industrial Districts and Firms: the Challenge of Globalization, 2003b.

[208] Ozawa, Terutomo. Structural Transformation, Flying-Geese Style and Industrial Clusters: Theoretical Implications of Japan's Postwar Experience [EB/OL]. 2004.

[209] Ozawa, Terutomo. Asia's Labor-Driven Economic Development, Flying-Geese Style: An Unprecedented Opportunity for the Poor to Rise?, Discussion Paper Series APEC Study Center Columbia University, Discussion Paper No. 40, July 2005.

[210] Peng, D. J. Invisible Linkages: A Regional Perspective of East Asian Political Economy [J]. *International Studies Quarterly*, 2002, 46 (3): 423 – 448.

[211] Posner, M. V. International Trade and Technical Change

[J]. *Oxford Economic Papers*, New Series, 1961, 13 (3): 323 - 341.

[212] Puga, Diego and Anthony Venables. The Spread of Industry: Spatial Agglomeration in Economic Development [J]. *Jounal of the Japanese and International Economies*, 1996 (10): 440 - 464.

[213] Redding, Stephen and Anthony Venables. Economic geography and international inequality. CEP Discussion Paper, London: London School of Economics and Political Science, Centre for Economic Performance, 2001.

[214] Ronald-Host, David. Global Supply Networks and Multilateral Trade Linkages: A Structural Analysis of East Asia [EB/OL]. ADB Institute Discussion Paper Series, 2003.

[215] The World Bank. The East Asian Miracle: Economic Growth and Public Policy. Published for the World Bank [M]. Oxford University Press, 1993.

[216] The World Bank. An East Asian Renaissance: Ideas for Economic Growth [C]. 2006.

[217] Urata, Shujiro. The Shift from 'Market-led' to 'Institution-led' Regional Economic Integration in East Asia in the Late 1990s [EB/OL]. RIETI Discussion Paper Series 04 - E - 012, 2004.

[218] Vernon, Raymond. International Investment and International Trade in the Product Cycle [J]. *Quarterly Journal of Economics*, 1966, 80 (2): 190 - 207.

[219] Wells L. T. Jr. A Product Life Cycle for International Trade [J]. *Journal of Marketing*, 1968, 32 (3): 1 - 6.

[220] Wells L. T. Jr. Test of a Product Cycle Model of International Trade: U. S. Exports of Consumer Durables [J], *The Quarterly Journal of Economics*, 1969, 83 (1): 152 - 162.

[221] Yamazawa, Ippei. Japan and the East Asian Economies:

Prospects and Retrospects in the Early Twenty-First Century [EB/OL].
IDE Working Paper Series 03/04 – No. 1, 2004.

[222] Yamazawa, Ippei, Yasutaka Nagatani, Izumi Nakato, Nobuki Sugita, Akira Hirata, Hidenobu Okuda, Hiroyuki Kojima, Hitoshi Kinjo, Giovanni Capannelli. Dynamic Interdependence among the Asia-Pacific Economies [J]. *The Economic Analysis*, 1993, 129 (3).

附　　录

附表 1　　　　东亚经济体经济增长率（1961～2006 年）　　　单位:%

年份	中国大陆	中国香港	日本	韩国	中国台湾	新加坡	菲律宾	马来西亚	泰国	印度尼西亚
1961	-27.1	14.9	12.0	4.9	—	13.8	5.6	7.6	5.4	6.1
1962	-6.1	14.6	8.9	2.5	—	0.0	4.8	6.4	7.5	1.9
1963	10.3	11.7	8.5	9.5	—	8.9	7.1	7.3	8.0	-2.3
1964	15.8	11.6	11.7	7.6	—	0.6	3.5	5.4	6.8	3.5
1965	16.4	12.4	5.8	5.2	—	11.7	5.3	7.7	8.2	1.0
1966	10.7	6.8	10.6	12.7	—	10.8	4.4	7.8	11.1	2.9
1967	-5.7	2.0	11.1	6.1	—	12.2	5.3	3.9	8.6	1.1
1968	-4.1	3.2	12.9	11.7	—	13.6	5.0	8.0	8.1	12
1969	16.9	12	12.5	14.1	—	13.6	4.7	4.9	6.5	7.5
1970	19.4	9.5	10.7	8.3	—	13.7	3.8	6.0	11.4	8.2
1971	7.0	7.4	4.7	8.2	—	12.0	5.4	5.8	4.9	7.0
1972	3.8	11.0	8.4	4.5	—	13.4	5.5	9.4	4.3	7.9
1973	7.9	12.7	8.0	12	—	11.2	8.9	11.7	10.2	9.8
1974	2.3	2.1	-1.2	7.2	—	6.1	3.6	8.3	4.5	8.3
1975	8.7	0.4	3.1	6.0	—	3.1	5.6	0.8	5.0	6.2
1976	-1.6	17.2	4.0	10.6	—	7.1	8.8	11.6	9.3	6.0
1977	7.6	12.0	4.4	10.0	—	7.8	5.6	7.8	9.8	8.6
1978	11.7	8.8	5.3	9.3	—	8.5	5.2	6.7	10.3	9.2
1979	7.6	11.8	5.5	6.8	8.2	9.4	5.6	9.3	5.4	7.1
1980	7.8	10.4	2.8	-1.5	7.3	9.7	5.2	7.4	5.2	8.7
1981	5.2	9.4	2.9	6.2	6.2	9.7	3.4	6.9	5.9	8.2

续表

年份	中国大陆	中国香港	日本	韩国	中国台湾	新加坡	菲律宾	马来西亚	泰国	印度尼西亚
1982	9.1	2.7	2.8	7.3	3.6	7.1	3.6	5.9	5.3	1.1
1983	10.9	6.3	1.6	10.8	8.5	8.5	1.9	6.3	5.6	8.4
1984	15.2	9.8	3.1	8.1	10.6	8.3	-7.3	7.8	5.8	7.2
1985	13.5	0.2	5.1	6.8	5.0	-1.4	-7.3	-1.1	4.7	3.5
1986	8.8	11.1	3.0	10.6	11.6	2.1	3.4	1.1	5.5	6.0
1987	11.6	13.0	3.8	11.1	12.7	9.8	4.3	5.4	9.5	5.3
1988	11.3	8.0	6.8	10.6	7.8	11.5	6.8	9.9	13.3	6.4
1989	4.1	2.6	5.3	6.7	8.2	10.0	6.2	9.1	12.2	9.1
1990	3.8	1.9	5.2	9.2	5.4	9.2	3.0	9.0	11.2	9.0
1991	9.2	5.6	3.4	9.4	7.5	6.5	-0.6	9.6	8.6	8.9
1992	14.2	6.6	1.0	5.9	7.5	6.3	0.3	8.9	8.1	7.2
1993	14	6.3	0.3	6.1	7.0	11.7	2.1	9.9	8.3	7.3
1994	13.1	5.5	1.1	8.5	7.1	11.6	4.4	9.2	9.0	7.5
1995	10.9	3.9	1.9	9.2	6.4	8.2	4.7	9.8	9.2	8.4
1996	10	4.3	2.6	7.0	6.1	7.8	5.8	10.0	5.9	7.6
1997	9.3	5.1	1.4	4.7	6.4	8.3	5.2	7.3	-1.4	4.7
1998	7.8	-5.0	-1.8	-6.8	4.3	-1.4	-0.6	-7.4	-10.5	-13.1
1999	7.6	3.4	-0.2	9.5	5.3	7.2	3.4	6.1	4.5	0.8
2000	8.4	10.2	2.9	8.5	5.8	10.1	6.0	8.9	4.8	4.9
2001	8.3	0.6	0.4	3.8	-2.2	-2.4	1.8	0.3	2.2	3.6
2002	9.1	1.8	0.1	7.0	4.3	4.2	4.5	4.2	5.3	4.5
2003	10.0	3.2	1.8	3.1	3.4	3.1	4.9	5.7	7.1	4.8
2004	10.1	8.6	2.3	4.7	6.1	8.8	6.2	7.2	6.3	5.0
2005	10.2	7.5	2.6	4.2	4.1	6.6	5.0	5.2	4.5	5.7
2006	10.7	6.9	2.2	5.0	4.7	7.9	5.4	5.9	5.0	5.5

资料来源：联合国网站，http：//data.un.org/Data.aspx? q = GDP&d = CDB&f = srID%3a29921；其中台湾数据来源于 http：//investintaiwan.nat.gov.tw/zh-tw/env/stats/gdp_growth.html。

附表 2　　　日本对外投资（按国家/区域，按价值）

单位：百万美元

财年		1965	1966	1967	1968	1969	1970	1971	1972	1973	1974
北美		44	109	57	185	129	192	230	406	913	550
	美国	33	71	53	145	119	94	216	356	801	498
亚洲		35	28	93	78	197	167	237	401	998	731
	中国香港	2	2	1	1	5	9	41	29	123	51
	印度尼西亚	16	6	52	42	43	49	112	119	341	375
	韩国	—	3	2	1	10	17	28	146	211	77
	马来西亚	5	6	4	2	5	14	12	13	126	48
	菲律宾	—	2	9	5	4	29	5	10	43	59
	新加坡	2	1	1	1	4	9	15	42	81	51
	中国台湾	1	3	13	14	21	25	12	10	34	33
	泰国	6	2	8	10	19	13	9	30	34	31
	中国大陆	—	—	—	—	—	—	—	—	—	—
欧洲		5	2	31	153	93	335	84	935	337	189
非洲		2	4	2	43	18	14	21	34	106	55
大洋洲		—	4	27	31	89	123	110	42	208	108
总计		159	227	275	557	665	904	858	2338	3494	2395
亚洲 NIES		5	9	17	17	40	60	96	227	449	212
ASEAN4		27	16	73	59	71	105	138	172	544	513
东亚（亚洲 NIES，ASEAN4，中国）						111	165	234	399	993	725
东亚（ASEAN10，中国大陆，韩国，中国台湾，中国香港）											
BRICs		17	26	26	13	24	21	124	169	435	251

续表

财年		1975	1976	1977	1978	1979	1980	1981	1982	1983	1984
北美		905	749	735	1364	1438	1596	2522	2905	2701	3544
	美国	846	663	685	1282	1345	1484	2354	2738	2565	3360
亚洲		1100	1245	865	1340	976	1186	3339	1385	1847	1628
	中国香港	105	69	109	158	225	156	329	401	563	412
	印度尼西亚	589	931	425	610	150	529	2434	410	374	374
	韩国	93	102	95	222	95	35	73	103	129	107
	马来西亚	52	52	69	48	33	146	31	83	140	142
	菲律宾	149	15	27	53	102	78	72	34	65	46
	新加坡	52	27	66	174	255	140	266	180	322	225
	中国台湾	24	28	18	40	39	47	54	55	103	65
	泰国	14	19	49	32	55	33	31	94	72	119
	中国大陆	—	—	—	—	14	12	26	18	3	114
欧洲		333	337	220	323	495	578	798	876	990	1937
非洲		192	272	140	225	168	139	573	489	364	326
大洋洲		182	162	165	239	582	448	424	421	191	157
总计		3280	3462	2806	4598	4995	4693	8932	7703	8145	10155
亚洲 NIES		274	226	288	594	614	378	723	739	1117	808
ASEAN4		804	1017	570	743	340	787	2568	620	650	681
东亚（亚洲 NIES、ASEAN4、中国）		1078	1243	858	1337	968	1176	3316	1378	1769	1603
东亚（ASEAN10、中国大陆、韩国、中国台湾、中国香港）								3321	1378	1771	1608
BRICs		409	271	267	258	499	184	357	343	420	446

续表

财年			1985	1986	1987	1988	1989	1990	1991	1992	1993	1994
北美	美国		5495	10441	15357	22328	33902	27192	18823	14572	15287	17823
			5395	10165	14704	21701	32540	26128	18026	13819	14725	17331
亚洲			1435	2327	4868	5569	8238	7054	5936	6425	6637	9699
		中国香港	131	502	1072	1662	1898	1785	925	735	1238	1133
		印度尼西亚	408	250	545	586	631	1105	1193	1676	813	1759
		韩国	134	436	647	483	606	284	260	225	246	400
		马来西亚	79	158	163	387	673	725	880	704	800	742
		菲律宾	61	21	72	134	202	258	203	160	207	668
		新加坡	339	302	494	747	1902	840	613	670	644	1054
		中国台湾	114	291	367	372	494	446	405	292	292	278
		泰国	48	124	250	859	1276	1154	807	657	578	719
		中国大陆	100	226	1226	296	438	349	579	1070	1691	2565
欧洲			1930	3469	6576	9116	14808	14294	9371	7061	7940	6230
非洲			172	309	272	653	671	551	748	238	539	346
大洋洲			992	525	1413	2669	4618	4166	3278	2406	2035	1432
总计			22320	12217	33364	47022	67540	56911	41584	34138	36025	41051
亚洲NIES			1531	718	2581	3264	4901	3355	2203	1920	2420	2865
ASEAN4			553	597	1031	1966	2782	3243	3082	3197	2398	3887
东亚（亚洲NIES，ASEAN4，中国）			2310	1415	4839	5526	8120	6946	5865	6187	6510	9317
东亚（ASEAN10，中国大陆，中国台湾，韩国，中国香港）			2311	1416	4839	5527	8121	6948	5865	6197	6556	9508
BRICs			509	427	1477	839	825	1019	817	1699	2166	3915

续表

财年		1995	1996	1997	1998	1999	2000	2001	2002	2003	2004
北美		23218	23021	21389	11043	24892	12483	6550	8449	10680	4836
	美国	22650	22005	20769	10413	22415	12349	6461	8215	10577	4677
亚洲		12360	11614	12?87	6682	7348	6006	6639	5669	6399	9388
	中国香港	1147	1487	701	639	975	946	348	208	396	639
	印度尼西亚	1605	2414	2514	1116	959	420	627	529	648	311
	韩国	449	416	442	304	980	817	563	626	284	845
	马来西亚	575	572	791	521	527	232	257	80	463	125
	菲律宾	717	559	524	381	637	465	791	410	196	317
	新加坡	1185	1115	1824	655	1038	457	1147	752	322	715
	中国台湾	455	521	450	224	287	511	321	375	152	479
	泰国	1240	1403	1867	1405	837	932	884	504	629	1184
	中国大陆	4478	2510	-987	1076	770	1008	1453	1766	3143	4567
欧洲		8585	7372	11204	14151	25977	24485	10600	15428	12623	12963
非洲		380	431	332	454	520	56	218	194	105	115
大洋洲		2816	897	2058	2229	929	703	554	1335	1006	1869
总计		51392	48021	53977	41228	67502	49034	32297	36858	36092	35548
亚洲 NIES		3237	3539	3416	1822	3281	2729	2379	1961	1154	2678
ASEAN4		4137	4948	5696	3423	2961	2049	2558	1523	1936	1938
东亚（亚洲 NIES、ASEAN4、中国）		11852	10997	11099	6321	7011	5787	6390	5250	6233	9183
东亚（ASEAN10、中国大陆、中国台湾、中国香港）		12090	11325	11415	6374	7121	5818	6468	5310	6302	9291
BRICs		4936	3629	3612	1814	1639	1414	2975	2505	4788	4912

注：“0”表示小于100万美元，“－”表示相应期间没有投资记录，空格表示数据不可获。

资料来源：Prepared by JETRO from Ministry of Finance（MOF）statistics for Japan's inward and outward FDI，MOF Policy Research Institute Monthly Finance Review，and Bank of Japan foreign exchange rates.

后　记

　　本书是在我的博士论文基础上修改而成，并由廊坊师范学院出版基金支助出版。

　　岁月匆匆，尚来不及遮挽业已逝去。遥想当年，硕士毕业，意气风发，立读博之宏愿，蒙师不弃，入吉林大学，新的学校、新的导师、新的同学揭开了我一段全新的人生历程。

　　博士论文的完成意味着我一生求学经历中一段重要里程的结束。回首博士学习的经历，几许感慨，几多感动，无尽的感谢。多年来，我的家人以及众多师长、同学、朋友给予了我无私的帮助和巨大的支持，令我终生难忘。

　　当然，最应感谢的是我的博士导师李晓教授。多年前，导师接纳我为他的博士生，使我有机会在求学的道路上得以更进一步。导师宽广的心胸、渊博的学识、恢宏的气度、幽默的谈吐，举手投足、立身行事都是值得学生一生学习的楷模。导师言传身教，不仅授我以知识，而且给我以鼓励，使我在学习中能够不断战胜困难奋勇前行。

　　感谢吉林大学经济学院各位师长对我的关心和教诲，他们是：池元吉教授、李俊江教授、项卫星教授。感谢卢英敏老师的耐心疏导和大力帮助，感谢我的师兄李俊久博士的时时鼓励与鞭策。

　　感谢我的同窗学友王静文博士，在博士学习阶段我们结下了深厚的友谊，这种友谊是值得我一生珍藏的宝贵财富。感谢我多年的好友付丽颖、孙汉杰夫妇，他们是我论文最初的读者，并提供了大量宝贵的修改意见。感谢何欣博士、孙清玲女士在我博士求学过程中提供的学习便利。

　　感谢我的父母、公婆及众位亲友长期以来给予我的物质支持及精神关爱，特别感谢李晓彦女士的关怀与帮助，感谢我先生仲雷多年如一的付出。家人的关爱永远是我前进的动力，谨以此书献给我的家人。

　　最后，感谢所有尚未来得及感谢的人！

秦婷婷

2014 年 10 月